KLEINE ÄGYPTISCHE TEXTE

HERAUSGEGEBEN VON WOLFGANG HELCK

DER TEXT

DER „LEHRE AMENEMHETS I. FÜR SEINEN SOHN“

1986

OTTO HARRASSOWITZ · WIESBADEN

DER TEXT DER „LEHRE AMENEMHETS I. FÜR SEINEN SOHN“

2. AUFLAGE

ZUSAMMENGESTELLT

VON

WOLFGANG HELCK

1986

OTTO HARRASSOWITZ · WIESBADEN

CIP-Kurztitelaufnahme der Deutschen Bibliothek
Amen-em-hēt ⟨Ägypten, König, I.⟩:
Der Text der „Lehre Amenemhets I. für seinen
Sohn“ / zsgest. von Wolfgang Helck. – 2.
Aufl. – Wiesbaden : Harrassowitz, 1986.
(Kleine ägyptische Texte)
ISBN 3-447-00527-0
NE: Helck, Wolfgang [Hrsg.]

Druck: Beltz Offsetdruck, Hemsbach
Printed in Germany

Aufstellung der Quellen

A. Papyri

1. "Millingen" -Mitte 18. Dyn.: Maspero, Les enseignements d'Amenemhait Ier à son fils Sanouasrit Ier (1914). Original verloren; Durchzeichnung s. Lopez, RdE 15, 29.
2. "Sallier I" -Ende 19.Dyn. : Select Papyri Brit. Museum pl. VIII (Durchzeichnung).
3. "Sallier II"-Ende 19.Dyn. : Select Papyri pl.X/XII.
4. Berlin 3019 -Ende 19.Dyn. : Griffith, ÄZ 34, 35 ff.; Maspero, a.a.O. (Umschrift)
5. Fragment, unpubliziert : erwähnt durch Gardiner, JEA 21, 140.

B. Lederrolle

6. Louvre 4920, unpubliziert

C. Holztafeln

7. Brooklyn I -Anfang 18.Dyn.: Gardiner in Mélanges Maspero I (1935), 479 ff.(Photo)
8. Brooklyn II -Anfang 18.Dyn.: Gardiner, a.a.O.(Umschrift)
9. Carnarvon 5 -Mitte 18.Dyn. : Maspero, a.a.O. (Umschrift)

D. Ostraka

10. Senmut 142 -Hatschepsut : Hayes, Ostraca and Name-Stones from the Tomb of Sen-Mût pl.XXV (Photo)
11. Senmut 143 -Hatschepsut : Hayes, a.a.O. pl.XXV (Photo)
12. Senmut 144 -Hatschepsut : Hayes, a.a.O. pl.XXVI (Photo)
13. Senmut 145 -Hatschepsut : Hayes, a.a.O. pl.XXVI (Photo)
14. BM 5638 -Ramessidisch : Inscriptions in the Hieratic and Demotic Characters pl. IX (Durchzeichnung)
15. BM 5623 -Ramessidisch : a.a.O. pl. X (Durchzeichnung)
16. Ramesseum 55-Ramessidisch : Spiegelberg, Hieratic Ostraka and Papyri pl. VI (Durchzeichnung)

17. Ramesseum 56 -Ramessidisch : Spiegelberg, a.a.O.pl.VI (Durchzeichnung)

18. Ramesseum 57 -Ramessidisch : Spiegelberg, a.a.O.pl.VI (Durchzeichnung)

19. Ramesseum 58 -Ramessidisch : Spiegelberg, a.a.O.pl.VI (Durchzeichnung)

20. Ramesseum 59 -Ramessidisch : Spiegelberg, a.a.O.pl.VI (Durchzeichnung)

21. Ramesseum 60 -Ramessidisch : Spiegelberg, a.a.O. pl. VII (Durchzeichnung)

22. Ramesseum 61 -Ramessidisch : Spiegelberg, a.a.O. pl. VII (Durchzeichnung)

23. Ramesseum 62 -Ramessidisch : Spiegelberg, a.a.O. pl. VII (Durchzeichnung)

24. Ramesseum 63 -Ramessidisch : Spiegelberg, a.a.O. pl. VII (Durchzeichnung)

25. Ramesseum 97 -Ramessidisch : Spiegelberg, a.a.O. pl. XI (Durchzeichnung)

26. Ramesseum 102-Ramessidisch : Spiegelberg, a.a.O. pl. XI (Durchzeichnung)

27. Deir el-Medineh 1007 -Ramess.: Posener, Ostraca hiératiques littéraires de Deir el Médineh I pl.4 (Photo)

28. Deir el-Medineh 1018 -Ramessidisch : Posener, a.a.O. pl. 12 (Photo)

29. Deir el-Medineh 1020 -Ramessidisch : Posener, a.a.O. pl. 14 (Photo)

30. Deir el-Medineh 1021 -Ramessidisch : Posener, a.a.O. pl. 14 (Photo)

31. Deir el-Medineh 1035 - Ramessidisch : Posener, a.a.O. pl. 20 (Durchzeichnung)

32. Deir el-Medineh 1039 vso - Ramessidisch : Posener, a.a.O. pl. 22 (Durchzeichnung)

33. Deir el-Medineh 1081 - Ramessidisch : Posener, a.a.O. pl. 45 (Photo)

34. Deir el-Medineh 1092
- Ramessidisch : Posener, a.a.O. pl. 50 (Photo)

35. Deir el-Medineh 1093
- Ramessidisch : Posener, a.a.O. pl. 50 (Photo)

36. Deir el-Medineh 1102
- Ramessidisch : Posener, a.a.O. pl. 52 (Durchzeichnung)

37. Deir el-Medineh 1103
- Ramessidisch : Posener, a.a.O. pl. 53 (Photo)

38. Deir el-Medineh 1175 vso
- Ramessidisch : Posener, a.a.O.II pl. 26 (Durchzeichnung) - senkrecht geschrieben

39. Deir el-Medineh 1196
- Ramessidisch : Posener, a.a.O.II pl. 41 (Durchzeichnung)

40. Deir el-Medineh 1204
- Ramessidisch : Posener, a.a.O.II pl. 43 (Photo)

41. Deir el-Medineh 1205 vso
- Ramessidisch : Posener, a.a.O.II pl. 44 (Durchzeichnung)

42. Kairo 25217 - Ramessidisch : Daressy, Ostraca p. 47; Maspero, a.a.O. 19 ff. - aus Totentempel Thutmosis' III. (Umschrift)

43. Kairo 25223 - Ramessidisch : Daressy, Ostraca p. 51; Maspero, a.a.O. 19 ff. - aus Gurna (Umschrift)

44. Kairo 25223 bis -Ramessidisch: Daressy, Ostraca p.51; Maspero, a.a.O. (Umschrift)

45. Kairo 25223 ter -Ramessidisch: Daressy, Ostraca p.52 (Umschrift); Maspero, a.a.O. - aus Dendera

46. Lisht - Ramessidisch : BMM April 1933, Section II p. 6 fig. 4.(Photo)

47. Michailides 20 -Ramessidisch: Goedicke-Wente, Ostraka Michailides pl. III (Durchzeichnung)

48. Michailides 20 bis -Ramessidisch: Goedicke-Wente, a.a. O. pl.VI/VII (Durchzeichnung)

49. Michailides 23 - Ramessidisch : Goedicke-Wente, a.a.O. pl. IV (Durchzeichnung, z.T.)

50. Michailides 24 - Ramessidisch : Goedicke-Wente, a.a.O. pl. X (Umschrift)

51. Michailides 50 - Ramessidisch : Goedicke-Wente, a.a.O. pl. I/II (Durchzeichnung)

52. Michailides 77 - Ramessidisch : Goedicke-Wente, a.a.O. pl. XI (Durchzeichnung)

53. Michailides 80 - Ramessidisch : Goedicke-Wente, a.a.O. pl. IX (Durchzeichnung)

54. Petrie 29 - Ramessidisch : Gardiner-Černý, Hieratic Ostraca pl. XI 2 (Durchzeichnung)

55. Petrie 56 - Ramessidisch : Gardiner-Černý, a.a.O. pl. XLIII 2 (Durchzeichnung)

56. Petrie 57 - Ramessidisch : Gardiner-Černý, a.a.O. pl. XIV 2 (Durchzeichnung)

57. Petrie 77 - Ramessidisch : Gardiner-Černý, a.a.O. pl. VI 3 (Durchzeichnung)

58. Petrie 87 - Ramessidisch : Gardiner-Černý, a.a.O. pl. XIV 6 (Durchzeichnung)

59. Gardiner 322 - Ramessidisch : Gardiner-Černý, a.a.O. pl. XCVIII 3 (Umschrift)

60. Gardiner 324 - Ramessidisch : Gardiner-Černý, a.a.O. pl. XCVIII 5 (Umschrift)

61. Gardiner 348 - Ramessidisch : Gardiner-Černý, a.a.O. pl. CIV 3 (Umschrift)

62. Leipzig 7 - Ramessidisch : Gardiner-Černý, a.a.O. pl. IV 2 (Durchzeichnung); Maspero, a.a.O. (Umschrift)

63. Malinine	- Ramessidisch	: Malinine, BIFAO 34,63
64. Toronto A 9	- Ramessidisch	: Gardiner, Theban Ostraca p. 7 (Umschrift)
65. Moskau 4468	- Ramessidisch	: Lurie, Epigraphika wostoka 82 ff. (Umschrift)
66. Moskau 5518	- Ramessidisch	: Lurie, a.a.O.(Umschrift)
67. Brüssel E 6445, unpubliziert		: erwähnt durch van der Walle, Transmission des textes litteraires 66
68. IFAO 2034, unpubliziert		: erwähnt durch van der Walle, a.a.O.

Textrekonstruktion

	I	II	III	IV	V	VI	VII	VIII	IX	X	XI	XII	XIII	XIV	XV
	a-e	a-e	a-d	a-d	a-e	a-f	a-f	a-e	a-f	a-c	a-e	a-c	a-d	a-g	a-j
Mill.	a –	–	–	–	–	–	–	–	–	–	–	–	–	–	– j
Sall.I	a –	–	–	–	–	– e									
Sall.II	a –	–	–	–	–	–	–	–	–	–	–	–	–	–	– j
BM 5623	a –	–	–	–	–	–	–	– d							
R 55	a-b														
DM 1020	a –	– b													
DM 1175	a –	– c													
DM 1196	a-e														
K 25223ter	a-d														
Sn 142	a-b														
Mi 20	a –	a													
G 322	a –	– e													
G 348	a –	–	–	–	–	a									
L 7	a –	–	–	–	–	–	–	– e							
DM 1092		b –	– b												
Sn 143		a	a	a	a	a	a	a							
G 324		a –	a												
Mi 24		e –	–	–	a										
Br I			a –	– d											
R 56			a-d												
DM 1021			a –	b											
DM 1205			a –	a											
Mo 5518			a –	–	–	a									
Sn 144				a –	–	– b									
Mi 50				a –	–	–	–	–	a						
B 3019					a –	–	–	–	–	– c					
Car 5					a –	–	–	–	– f						
P 57					a –	a									
Mi 23					a –	–	a								
Mi 80					c –	– f									
R 59						a--f									
R 61						a--f									
R 52						a-b									
R 57						a –	a								
Mi 20bis						d –	–	–	–	a …..	…..	…..	…..	a –	– j
DM 1007								a –	– e						
R 58							a								
Br II							c –	–	a						
Sn 145							e –	a							
BM 5638								a –	–	– c					
P 29								a –	–	–	–	–	–	a	
Tor A 9								a –	–	a					
R 60									a--f						
DM 1018										a –	– e				
K 25213										a-c					
P 87									a –	–	a				
P 56									a –	– c					
Lisht									a –	a					
R 63										a-c					
K 25217									a –	a					
Mo 4468									a –	a					
K 25223bis										a-b					
R 102											a –	a			
DM 1035											b –	a			
DM 1039												a-c			
DM 1081												a –	a		
P 77												a –	a		
Mal.												a –	b		
R 97													a –	a	
DM 1102													a-d		
DM 1103														a –	a
DM 1204														a –	– j
Mi 77															b-c
DM 1093															a – j

Ia

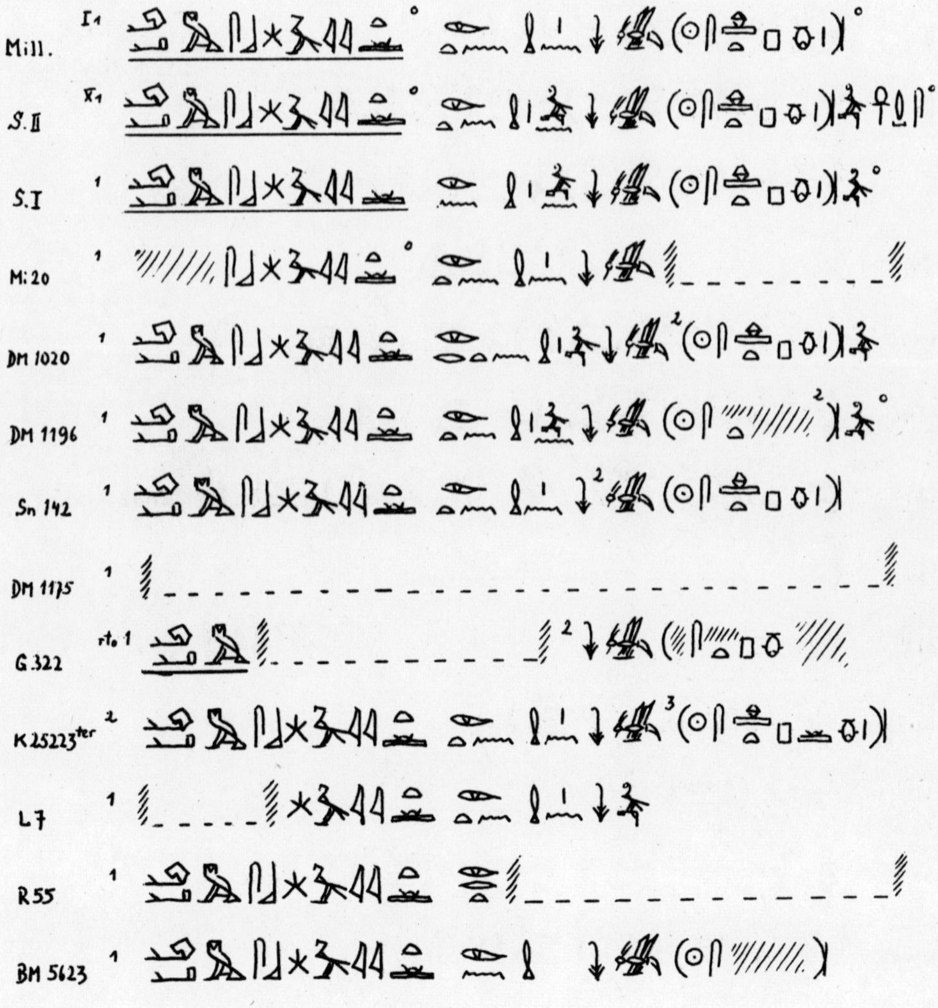
Mill.
S.II
S.I
Mi 20
DM 1020
DM 1196
Sn 142
DM 1175
G 322
K 25223ter
L 7
R 55
BM 5623

Ib

Mill. 

S.II 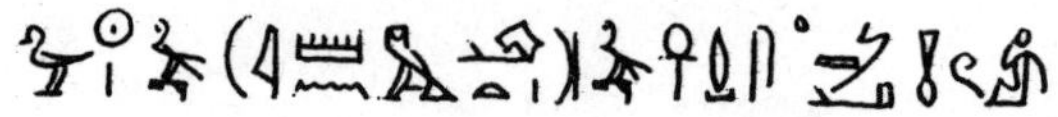

S.I 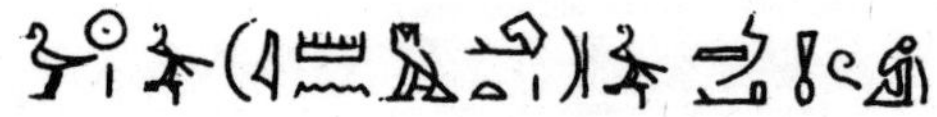

Mi20 

DM1020 

DM1196 

Sn 142  Ende

DM1175 

G322 

K25223[ter] 

L7 

R55  Ende

BM5623 

Ic

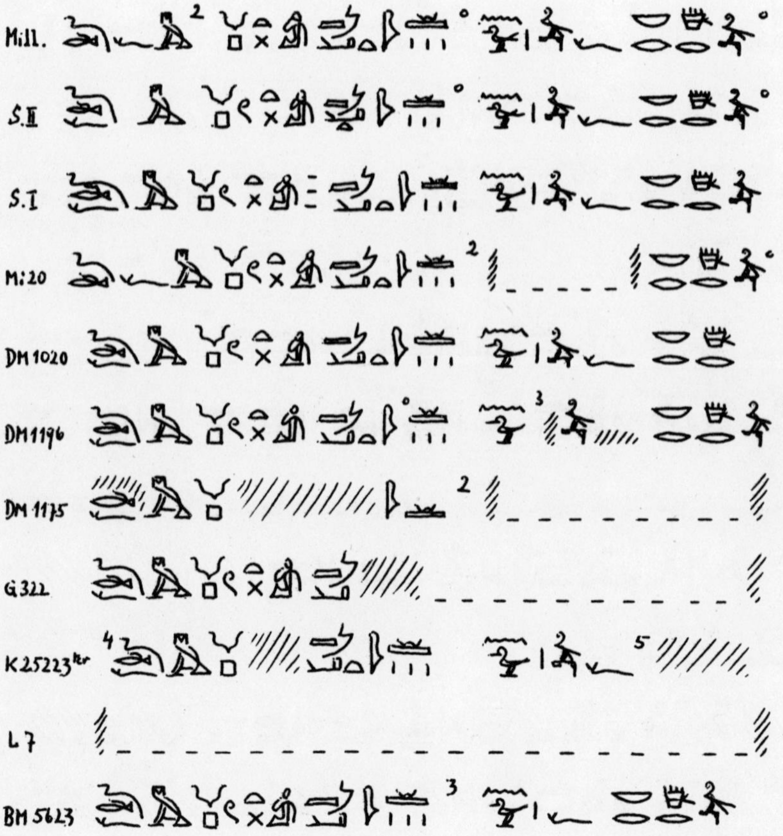

Id

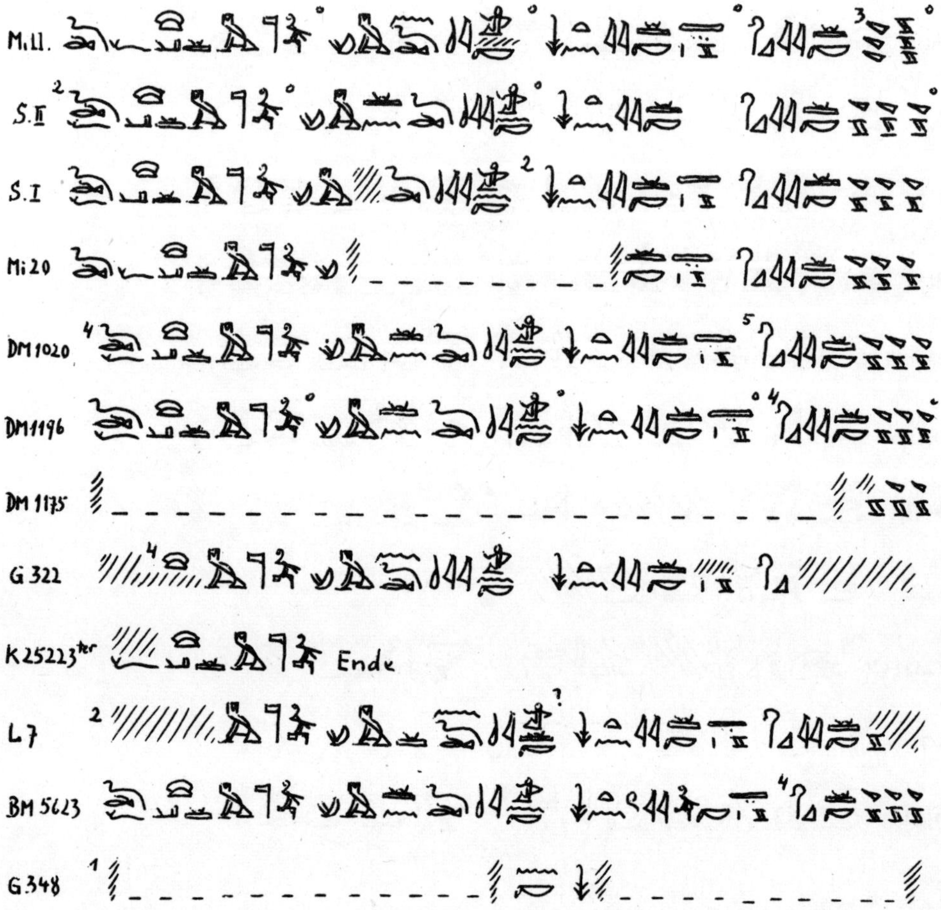
M.11.
S.II
S.I
Mi20
DM1020
DM1196
DM1175
G322
K25223ter
Ende
L7
BM5623
G348

Ie

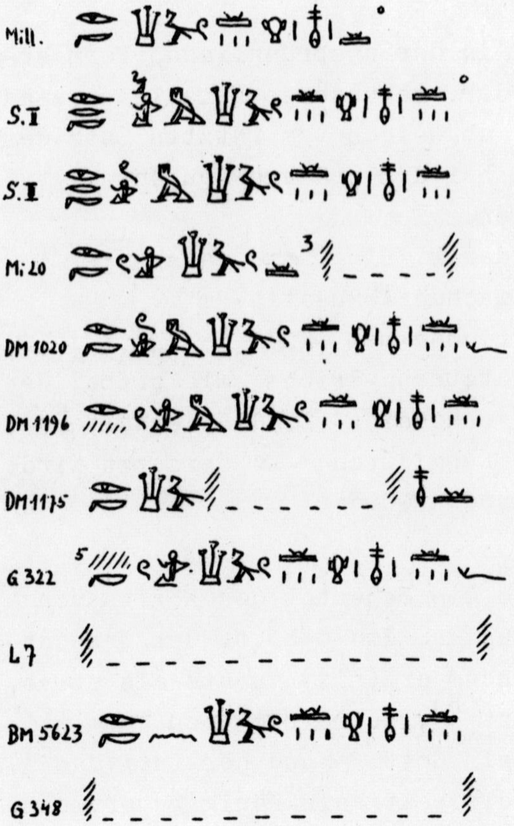

Versschlüsse:

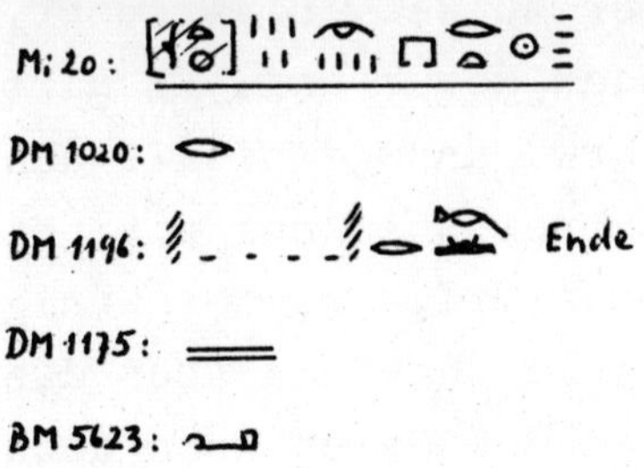

1. Abschnitt

Zum Text:

Pap. Mill. hat den Text in der ursprünglichen Form erhalten. Die Veränderungen der sekundären Parallelen sind unbedeutende Kleinigkeiten, abgesehen vom letzten Satz des Abschnitts ir.k ḫꜣw ḥr nfr, bei dem spätere Zeugen z.T. typische Verschreibungen zeigen:

1) Schreibung des Suffixes der 2. sing.  als  .
2) Hinzufügung des neuägyptischen Akkusativ-"m".
3) Hinzufügung von Pluralstrichen bei 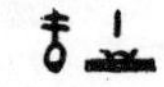 .
4) Mißverständnis eines Absatztrennstrichs, wie er bei der senkrechten Schreibweise erscheint (DM 1175 erhalten!), der in waagrechter Schreibung durch  ersetzt wird; er ist zu  mißverstanden worden.

Übersetzung:

Der Anfang der Lehre, die die Majestät des Königs von O. und U.Ä. Śḥtp-ib-Rʿ, Sohn des Re Imn-m-ḥꜣ.t, der Gerechtfertigte [a)], verfaßt hat, indem er (sie) sagte als etwas, was die Weltordnung offenbart [b)], zu seinem Sohn, dem Allherrn. Er sagte: Erscheine als Gott [c)] und höre auf das[d)], was ich dir sage, damit du die Welt als König beherrschst und die Länder regierst, und du ein Übermaß an Glück durchführst [e)].

a) Anthes, JNES 16, 182 übersetzt: "Who is acknowledged as (the) right (king)", wobei er sich auf seinen Artikel JNES 13, 191 ff. beruft, in dem er zu zeigen versucht, daß mꜣʿ ḫrw Bezeichnung des lebenden Horus sei. Es gibt sicher Textstellen, in denen mꜣʿ ḫrw unzweifelhaft den Zustand des lebendigen Königs umschreibt (Anthes zitiert u.a. Griffith, Hieratic Pap. Kahun pl. I, wo der König "die beiden Länder gepackt hat als mꜣʿ ḫrw"); aber die typische Nennung von mꜣʿ ḫrw hinter dem Namen kann doch nur auf das Totengericht bezogen werden. Dabei dürfte die alte Deutung: "wahr in Bezug auf den Ausspruch"doch jener Erklärung von Anthes vorzuziehen sein. In Fällen, wo diese Benennung hinter noch lebenden Personen steht, wird es ein Wunsch für die Zukunft sein. Posener, Littérature p.69 weist darauf hin, daß in unserem Text m3^{c} ḫrw nur hinter dem Namen Amenemhets I. und nicht hinter dem Sesostris' I. steht, sodaß angenommen werden darf, man habe damit zu erkennen geben wollen, daß Amenemhet I. bereits verstorben war.

b) Anthes, JNES 16, 176 ff. übersetzt: "in determining the right for his son", wobei er wpj m3^{c}.t als juristischen Ausdruck im Sinn von "durch Entscheidung Recht schaffen" deutet (a.a.O. p. 184). Posener, a.a.O. p. 71 f. wendet sich zunächst gegen die Deutung durch Gunn in JEA 27,2, der auf Grund der ptolemäischen Inschrift einer T3- Ij-m-ḥtp diesen Ausdruck als Umschreibung für "im Traum" auffaßte. Posener verweist auf die Einleitungen anderer Lehren und möchte den Ausdruck als "en jugement de vérité" bzw."en tranchant la vérité" übersetzen. Ich möchte noch einen Schritt weiter gehen und für wpj hier die übertragene Bedeutung "offenbaren" einsetzen, vgl. Urk. IV 159,9. Es liegt hier eben nicht die strenge juristische Bedeutung "die Wahrheit (von der Lüge) trennen" vor, da der Text selbst ja nicht juristisch ist. In der Konstruktion erscheint mir wahrscheinlich, daß wp.t auf śb3jj.t bezogenes Partizip ist und kein Substantiv. Der Satzteil n s3.f...... gehört zu ḏd.f und nicht zu m wp.t m3^{c}.t.

c) Seit Gunn, JEA 27, 4 n.1 und Grapow, ÄZ 79,97, dem sich auch Posener, Littérature p. 65 angeschlossen hat, deutet man das ḫ^{c} als Partizip (so auch Wilson, ANET 418 und Anthes, JNES 16, 182): "(Du), der du als König erschienen bist". Ich sehe eigentlich keinen Grund, dies tun zu müssen, und möchte bei der älteren Deutung durch Volten als Imperativ bleiben.

Die Benennung des neuen Königs als n$\underline{t}$r und nb-r-$\underline{d}$r ist nicht nur "solemn and archaic" (so Anthes, a.a.O. 184), sondern bewußt für die zeitgebundene Situation benutzt: Gegenüber dem Bild des "menschlichen" Königs der Lehre für Mrj-k3-R^{c} will gerade die 12. Dynastie wiederum die Göttlichkeit des Königs hervorheben .

d) Zu ś$\underline{d}$m n "auf etwas hören, gehorchen", vgl. Posener, a. a.O. p. 63.

e) oder mit Posener, a.a.O. p. 65 (nach Faulkner, Griffith Studies p. 69):"pour que tu obtiennes un surcrois de bien-être".

IIa

Mill.
S.II
S.I
Mi 20
DM 1020
DM 1175
G 322
L 7
BM 5623
G 348
Sn 143
G 324

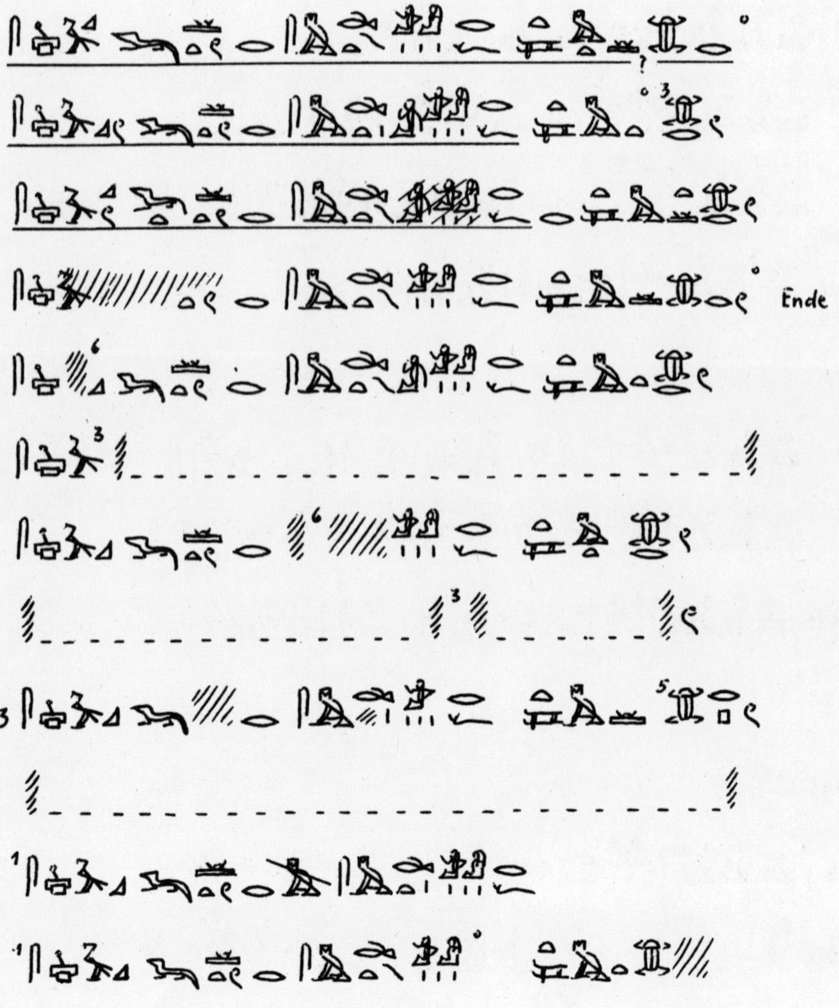

IIb

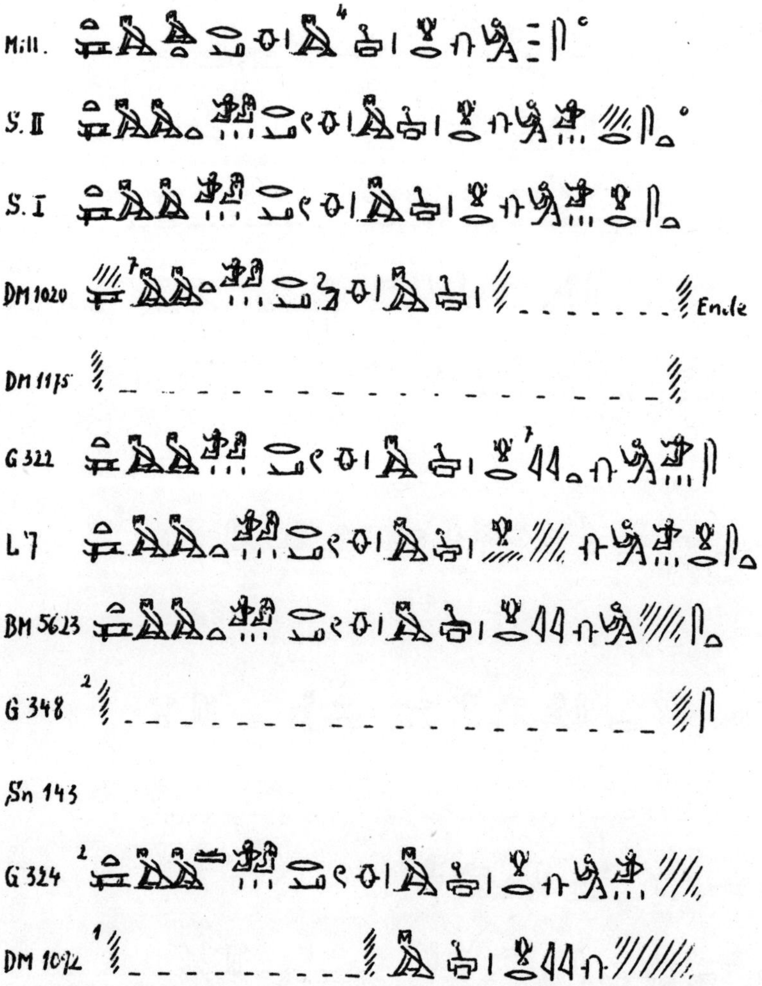
Mill.
S. II
S. I
DM 1020
Ende
DM 1175
G 322
L 7
BM 5623
G 348
Sn 143
G 324
DM 1092

IIc

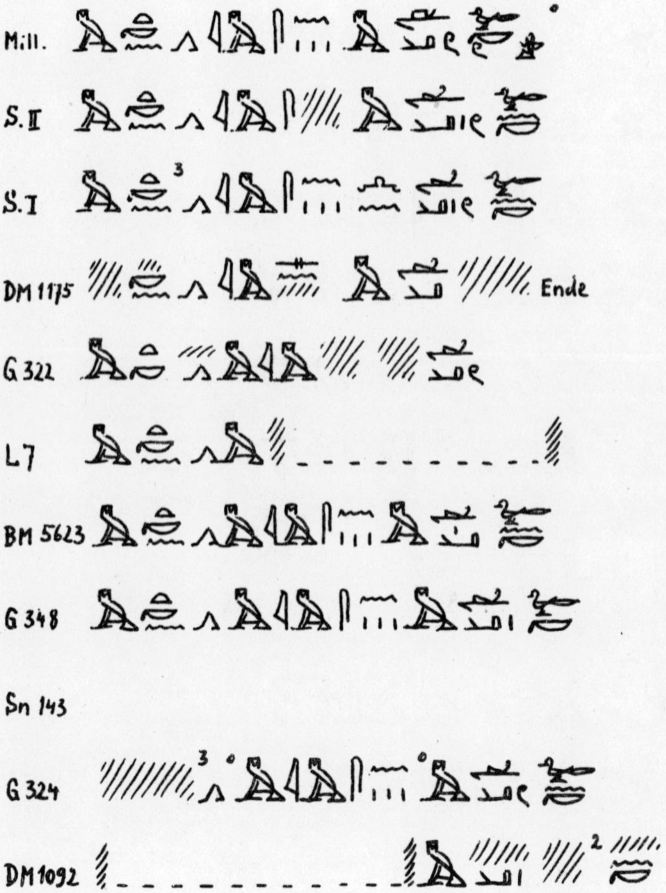
Mill.
S.II
S.I
DM 1175
Ende
G 322
L 7
BM 5623
G 348
Sn 143
G 324
DM 1092

IId

Mill. 

S.II 

S.I 

G322 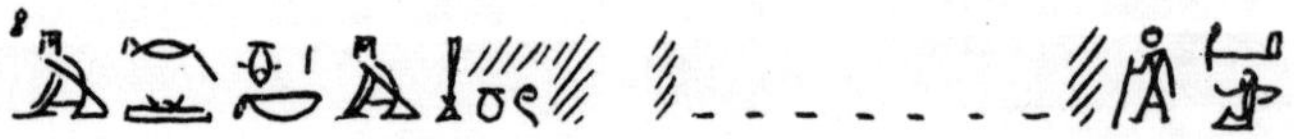

L7 

BM 5623 

G 348 

Sn 143

G 324 

DM 1092 

IIe

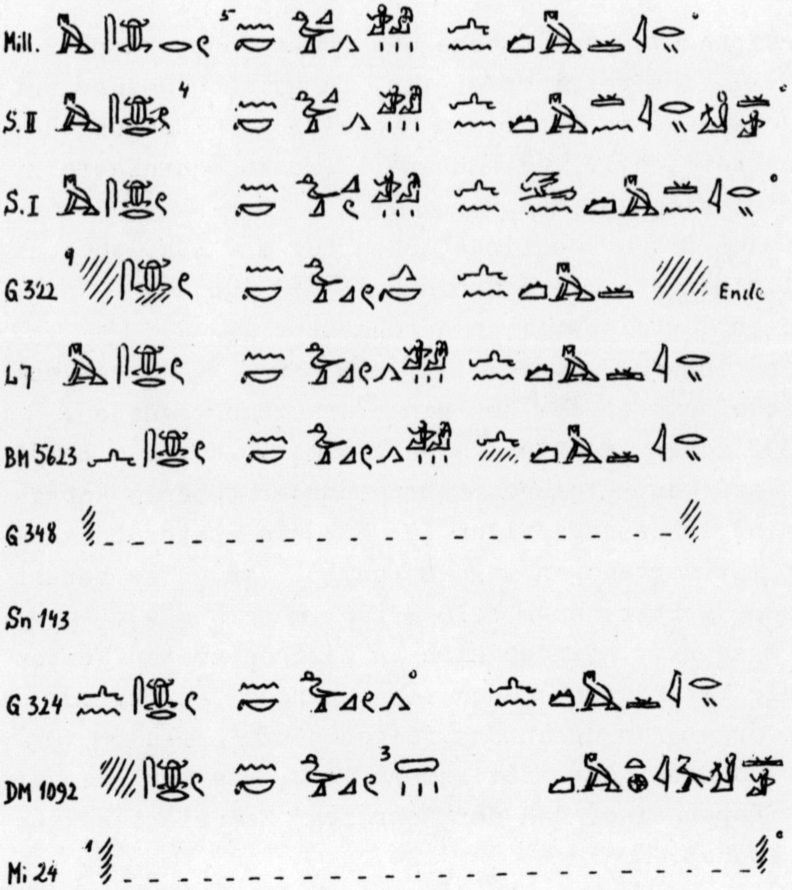
Mill.
5
S.II
4
S.I
G 322
9
Ende
L 7
BM 5623
G 348
Sn 143
G 324
DM 1092
3
Mi 24
1

2. Abschnitt

Zum Text:

b) Die Schreibung von tmm.t ohne die Personendeterminative im Pap.Mill. dürfte richtig sein, da es sich um das auf śmd.t zu beziehende Partizip handelt; die Zufügung der Personendeterminative, die überall sonst durchgeführt ist, ergibt sich aus dem Sinn.

c) Ein gewisses Schwanken findet sich bei m $w^{c}w.k$, wo auch Pap. Mill. bereits die Schreibung  für  hat. Die anderen Texte schreiben durchgehend  . Auffallend ist in Pap. Sall. I  für  ; man hat hier anscheinend in dem "m" eine Verneinung gesehen.

d) In DM 1092 zeigt sich in dem Satz m mḥ ib.k.... ein typisches Versehen: gleiche, nebeneinanderstehende Konsonanten sind zusammengefallen (m mḥ); ein später folgendes Wort ist vorgezogen worden (ḫnmś); mr ḫnmśw beruht auf falsche Worttrennung beim Hören (m rḫ ḫnmśw).

e) Im Satz m śḫprw... finden sich in einigen späten Texten wieder die Veränderungen des verneinenden  zu  ; wohl hervorgerufen durch das folgende . In DM 1092 zeigen sich deutliche Mißverständnisse, die wohl darauf zurückzuführen sind, daß der Schreiber Memoriertes kaum verstanden hat.

Übersetzung:

Nimm dich in Acht besonders vor den Untergebenen, die nichts sind und um deren Respekt man sich nicht bekümmern soll.[a)] Nähere dich ihnen nicht in deiner Einmaligkeit.

Vertraue nicht einem Bruder, kenne nicht einen Freund, schaffe dir nicht Vertraute, denn das gerät nicht.

a) Im Gegensatz zu anderen Übersetzungen (e.g.Wilson, ANET 418:"lest that should happen to whose terrors no attention has been given") beziehe ich beide tmm.t unmittelbar auf śmd.t.

IIIa

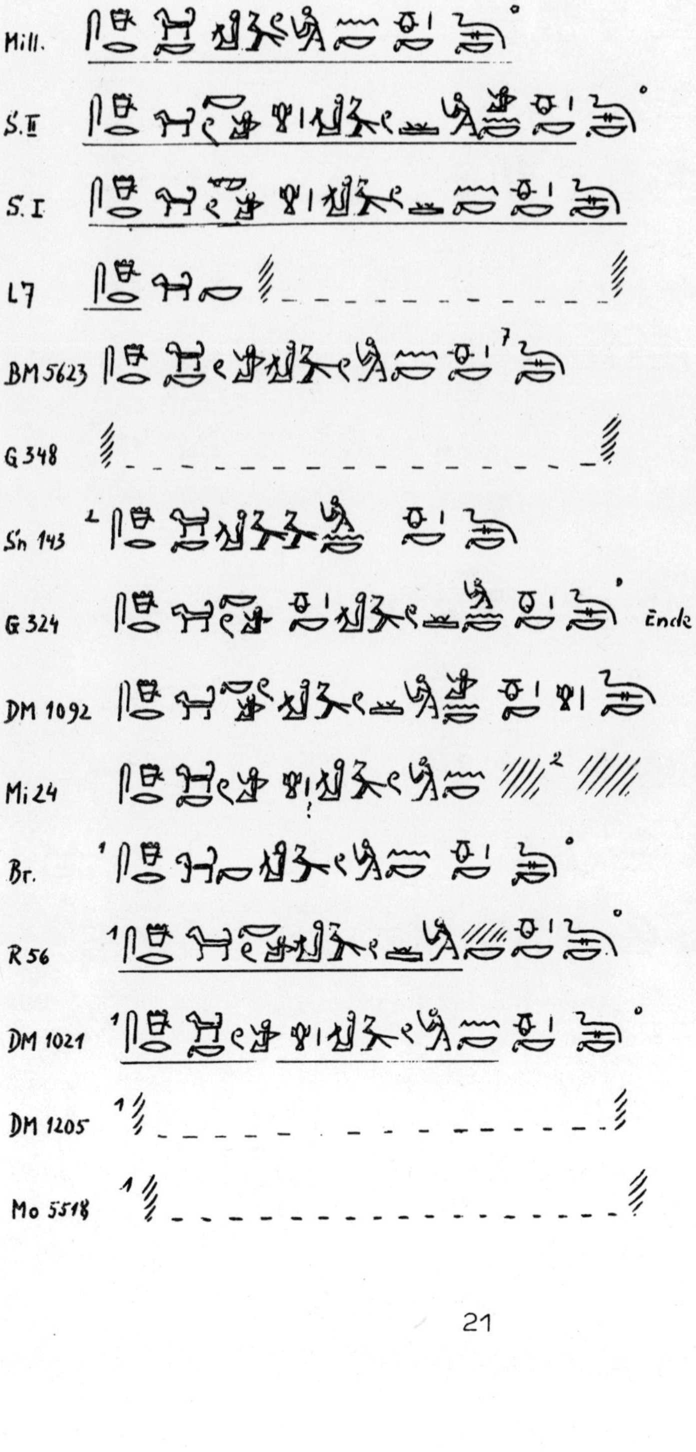
Mill.
S.II
S.I
L7
BM 5623
G 348
Sn 143
G 324
Ende
DM 1092
Mi 24
Br.
R 56
DM 1021
DM 1205
Mo 5518

IIIb

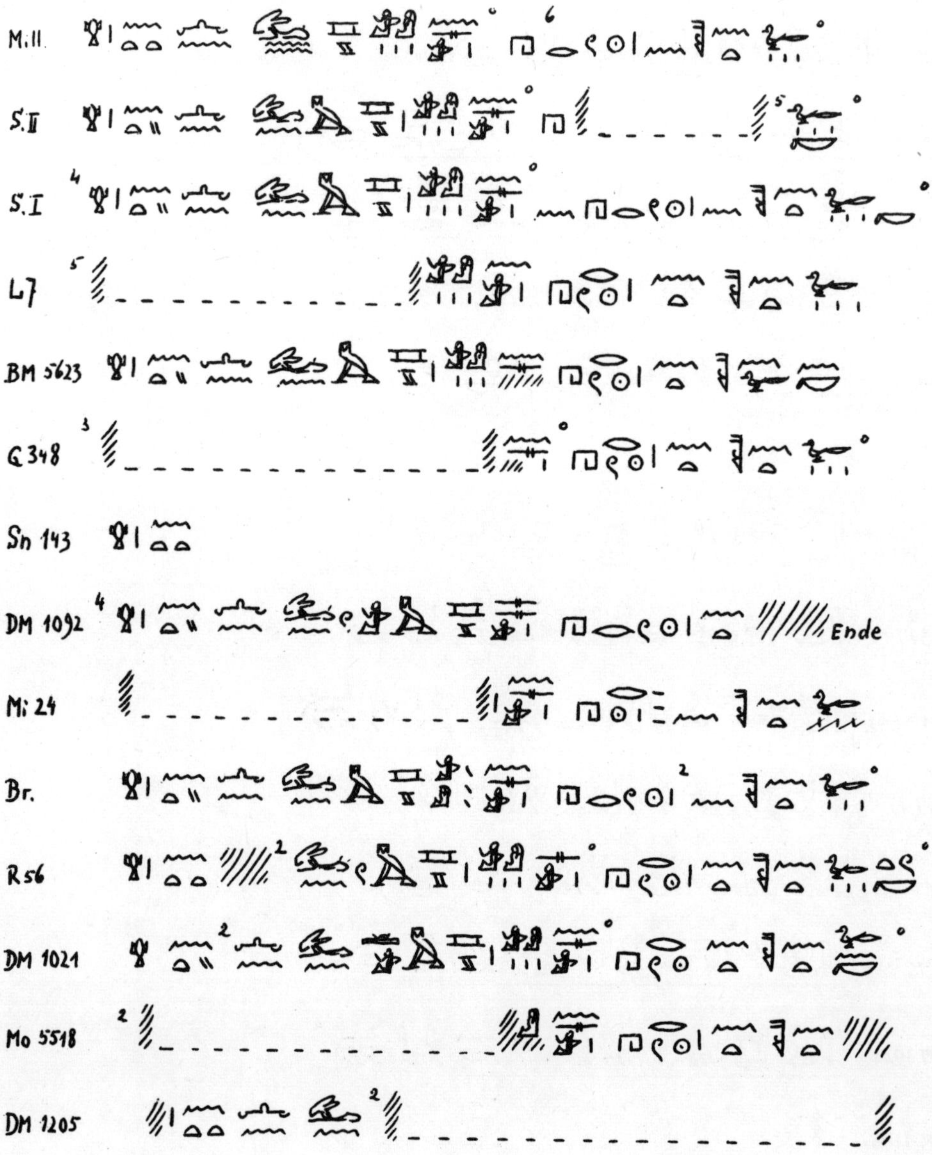
Mi.II
S.II
S.I
L7
BM 5623
G 348
Sn 143
DM 1092
Ende
Mi 24
Br.
R56
DM 1021
Mo 5518
DM 1205

IIIc

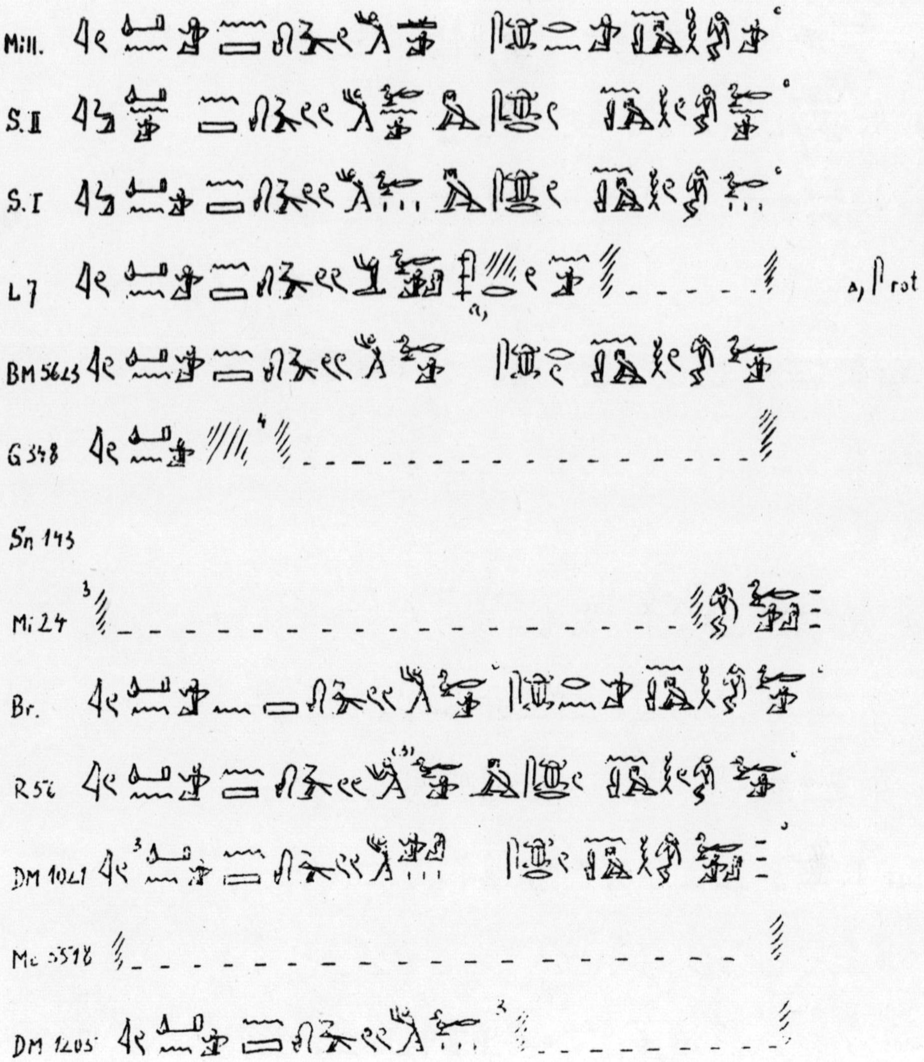
Mill.
S.II
S.I
L 7
a) rot
BM 5625
G 348
Sn 143
Mi 24
Br.
R 56
DM 1021
Mc 5518
DM 1205

IIId

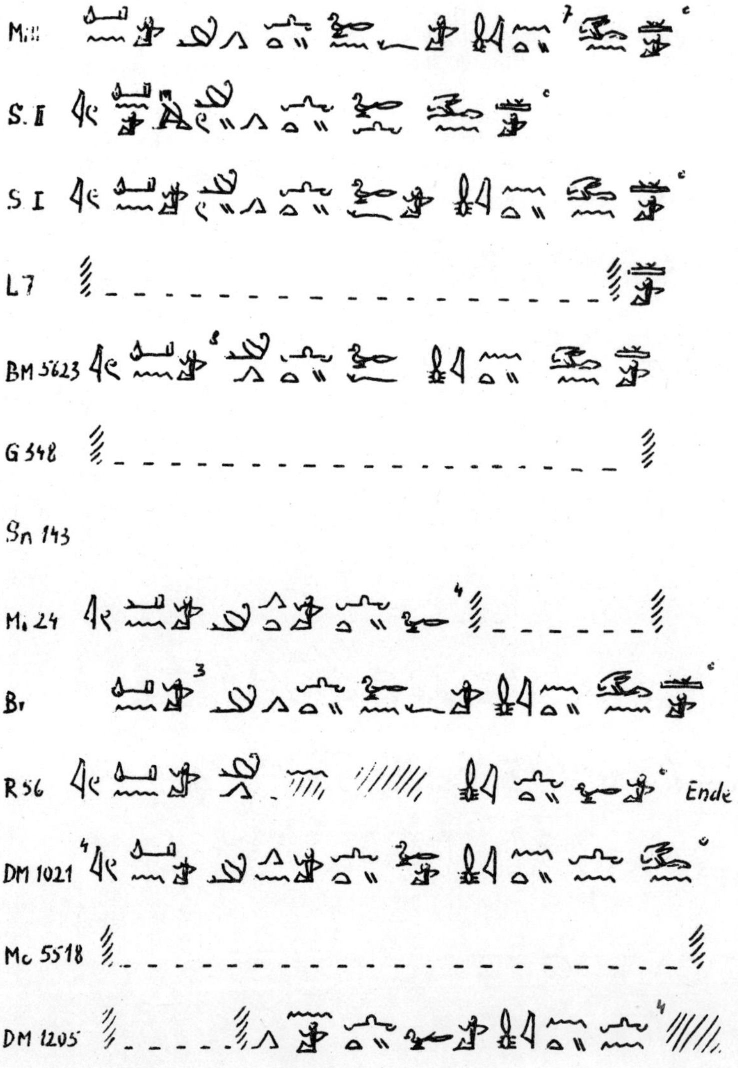
M. III
S. II
S. I
L 7
BM 5623
G 348
Sn 143
Mi 24
Br
R 56
Ende
DM 1021
Mc 5518
DM 1205

3. Abschnitt

Zum Text:

a) Der übliche Gegensatz zwischen den Zeugen der 18. Dynastie und den ramessidischen Texten beim Suffix 𓎡 der 2. sing. masc.
   Hier auch Einfügung eines sinnlosen ḥr vor Verben.
   In G 324 wird ib.k versehentlich vorgezogen.

b) Auffallend ist das Einfügen des "m" vor mr.t, was schon im Pap. Br. I auftritt; vgl. hierzu Gardiner, Mél.Masp. I 482, der die Möglichkeit erwägt, daß Mill. fehlerhaft ist ("There is no one among man's servants ...").
   Trotz des Fehlens von "n" in hrw n ḳśn.t bei dem Zitat des Pianchi (Z. 73) sollte unser Text nicht durch Streichen des "n" verändert werden.

c) Sall. I, Sall.II und R 56 gehen zusammen, indem sie vor śḫpr ein "m" einschieben.

d) iwtj-nf und ntj-wn sind nur noch in den frühen Quellen verstanden worden. iwtj-nf wurde über iwtj.f(Sall.I;BM 5623) zu iwtj (Sall.II; DM 1021; DM 1205). Diese letzte Gruppe hat auch ntj-wn zu ntj n bzw. nn wn verändert. R 56 hat anscheinend beide Ausdrücke umgestellt.

Übersetzung:

Wenn du schläfst, so behüte selbst dein Herz, denn es gibt für niemand Anhänger am Tage des Unheils.[a)] Ich gab dem Armen und zog die Waise auf; ich ließ den vorwärtskommen, der nichts hatte wie den, der etwas besaß.[b)]

a) vgl. hierzu Gardiner, Mél. Maspero 482, der auch darauf verweist, daß Pianchi diesen Satz in seiner großen Inschrift Z. 73 zitiert; siehe auch Posener, Litt. 82.

b) "Besitzen" anstelle von "sein", wie Erman, Literatur p. 106 übersetzt, nach Gardiner, a.a.O., dem Posener folgt. Wilson, ANET 418 jedoch:"like him who was (somebody)".

IVa

Mill.
S. II
S. I
L 7
BM 5623
G 348
Sn 143
Mi 24
Br.
DM 1021
Mo 5518
DM 1205
Sn 144
Mi 50

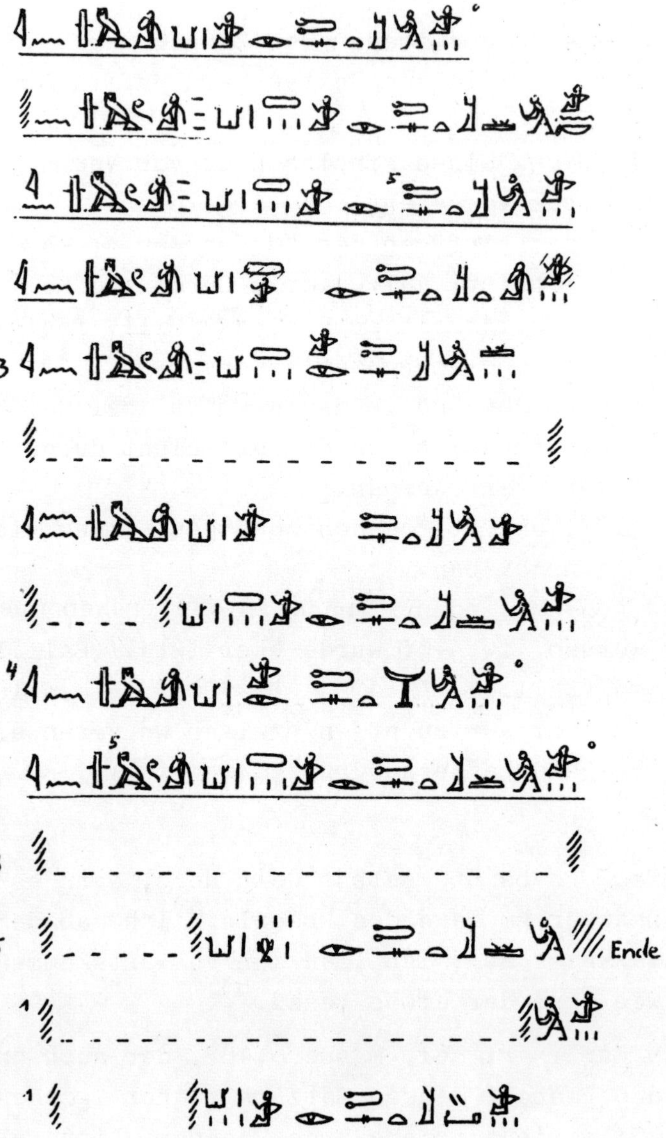

IVb

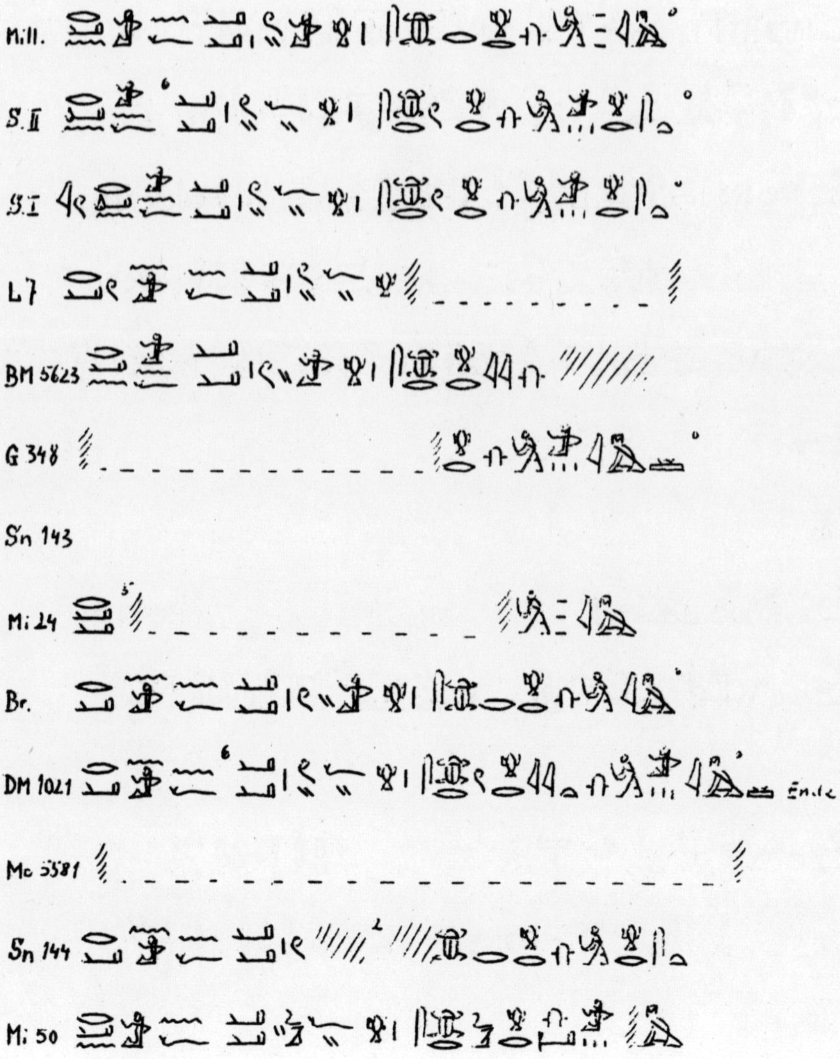

DM 1021 Ende:

IVc

M. II.

S. II

S. I

L 7

BM 5623

G 348

Sn 143

Mi 24

Br.

Mc 5318

Sn 144

M. 50

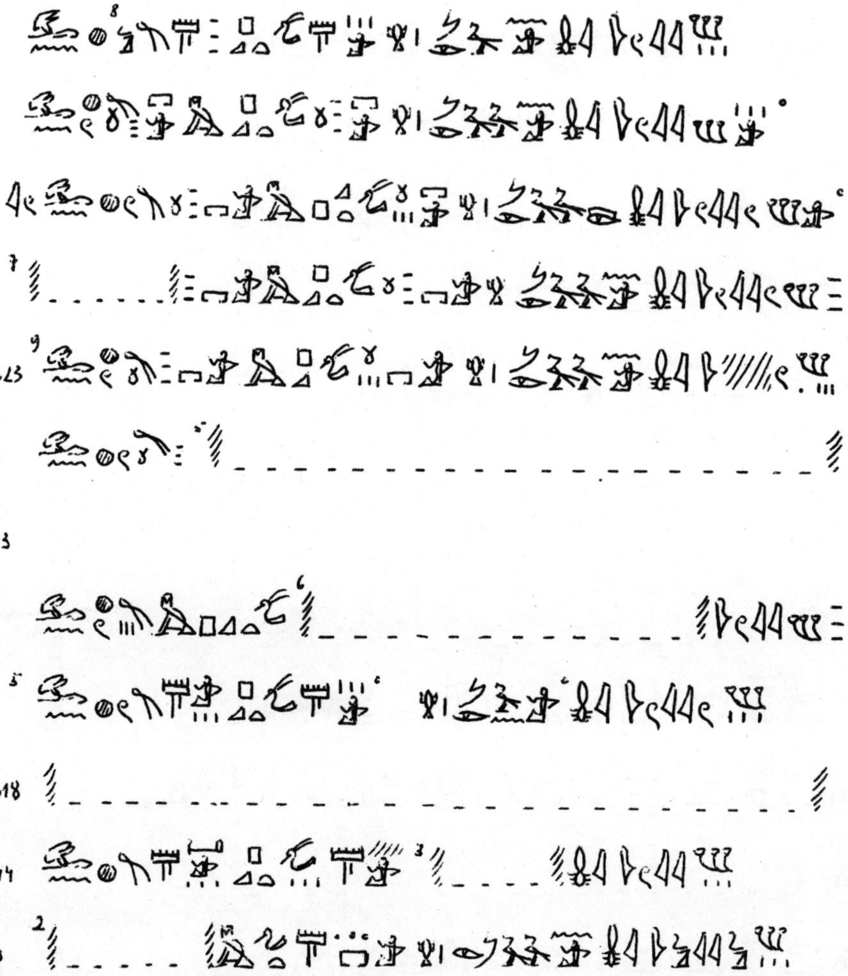

IVd

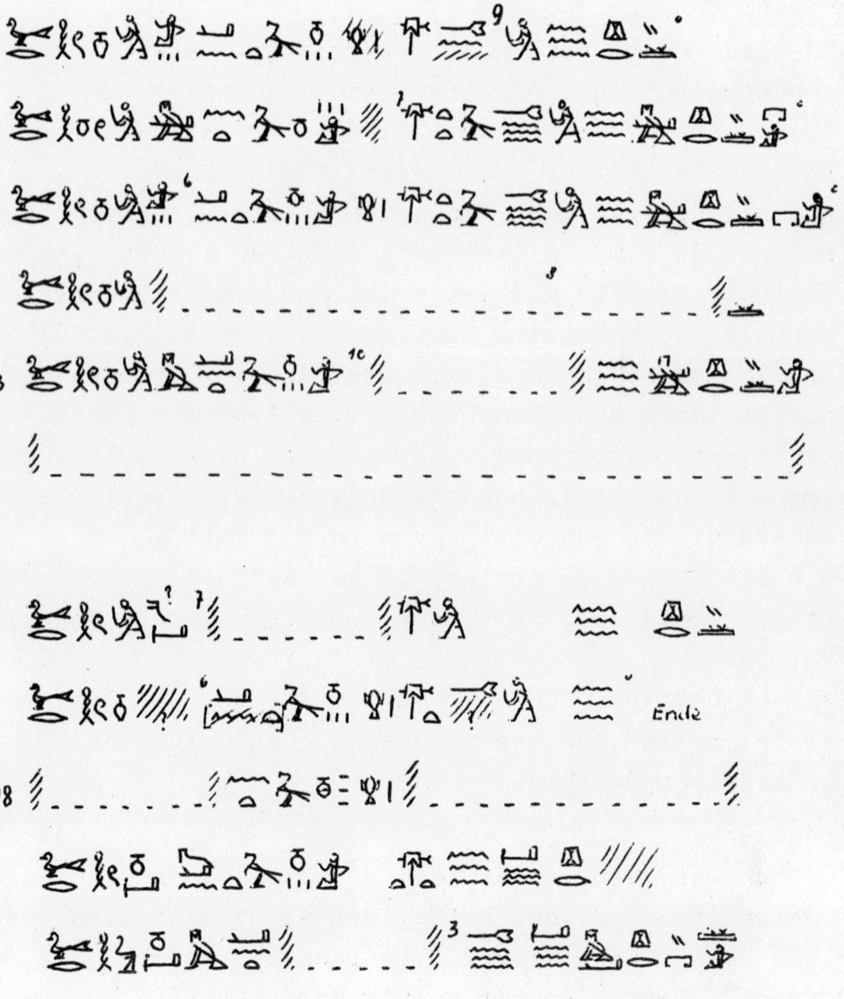

Mill.
S.II
S.I
L 7
BM 5623
G 348
Sn 143
Mi 24
Br.
Mo 5518
Sn 144
Mi 50

4. Abschnitt

Zum Text:

a) kꜣ wird nicht nur in den Zeugnissen der 18. Dynastie, sondern auch in einigen der Ramessidenzeit (DM 1205; Mi 50) ohne das Zeichen des "langen Brotes" geschrieben; vgl. auch Gardiner, Mél. Masp. 482.

b) Auffallend ist des Schwanken zwischen ꜥꜥ.wj.j einerseits und ꜥꜥ.wj.fj (meist in späteren Texten) andererseits. - Bereits die Texte der 18. Dynastie unterscheiden sich beim letzten Wort des Satzes (Mill.: jm gegen Sn 144: ḥr.ś); auch die ramessidischen Ostraka stehen mit jm gegen die beiden Papyri Sallier mit ḥr.ś.

c) Die ältere Textgruppe unterscheidet sich durch wnḫw pq.t von der ramessidischen mit wnḫw m pq.t. Unklar ist die ramessidische Schreibung von pq.t.j mit 
Die Lesung des Determinativs von šwjj in Br.I als  gegenüber Gardiner, Mél. Masp. 483 () nach Lopez, RdE 15, 31.

d) Wieder unterscheiden sich die Texte der 18. Dynastie in Kleinigkeiten von den ramessidischen: wrḥw ꜥntjw : wrhw m ꜥntjw; ẖrj : mẖrj.

Übersetzung:

Doch wer meine Speise aß, der stellte Truppen auf; wem ich meine Arme gereicht hatte, der schuf Schrecken damit, und die mein Linnen trugen, betrachteten mich, als (wäre es) Gras.[a)] Wer sich mit meiner Myrrhe salbte, spuckte vor mir aus.[b)]

a) So zu übersetzen, da alle Texte mit  determinieren.

b) Gardiner (nach Griffith) nahm bei sṯj mw ẖrj einen obszönen Sinn an: "spent seed while using it"(die Myrrhe). Das erscheint unwahrscheinlich. Volten, Pol. Schriften 109 meinte, man gösse dem König wie einem Toten die Wasserspende aus. Mir scheint jedoch sṯj mw auch die Übersetzung "ausspucken" zu rechtfertigen, vgl. schon Pyr. 230b von einer Schlange gesagt; Admon. VII 5:"Seht doch, Ägypten beginnt auszuspucken"; Pleyte-Rossi, Pap. Turin 132, 2 (Geifer auf die Erde fallen lassen).

Va

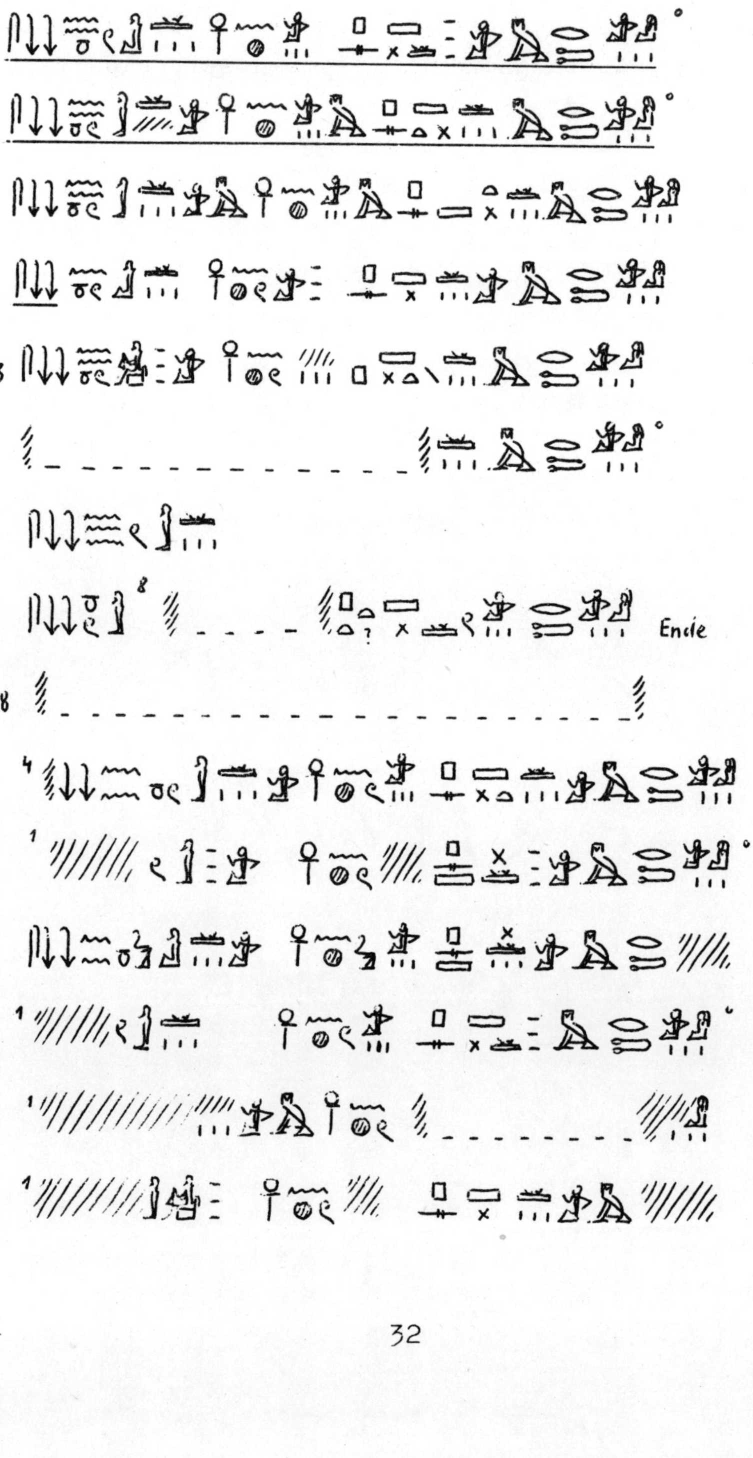

Mill.

S II

S. I

L 7

BM 5623

G 348

Sn 143

Mi 24

Mc 5518

Sn 144

Mi 23

M 50

P 57

B 3019

Car 5

Vb

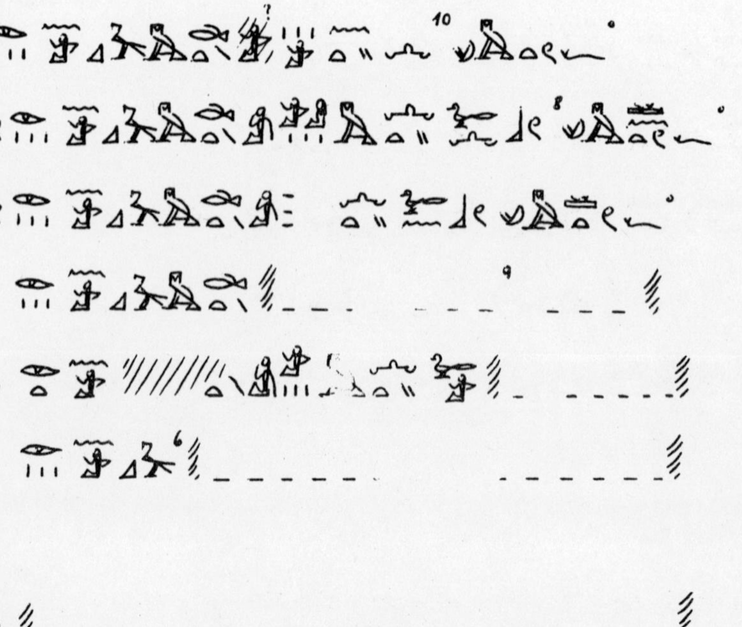

Mill.
S.II
S.I
L7
BM 5623
G 348
Sn 143
Mo 5518
Sn 144
Mi 23
Mi 50
P57
B 3019
Car 5

Vc

M.11.

S.II

S.I

L7

BM 5623

G 348

Sn 143

Mo 5518

Sn 144

Mi 23

Mi 50

P57

B 3019

Car 5

Mi 80

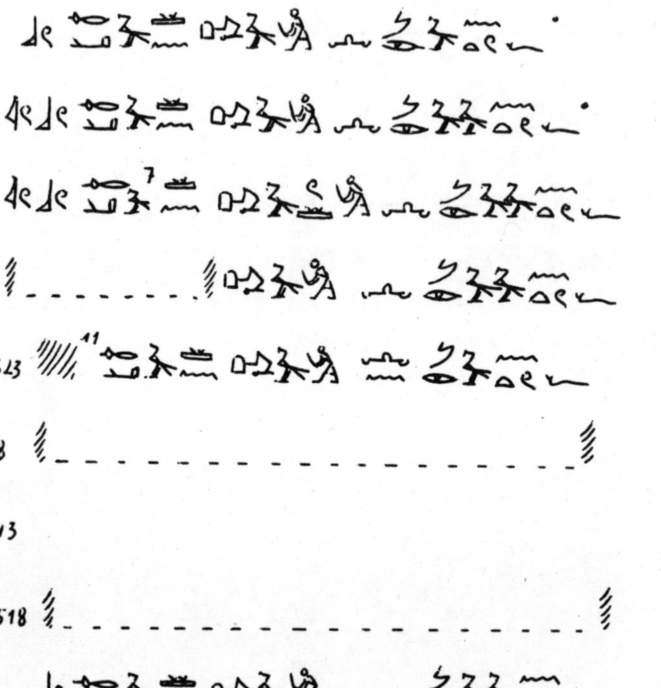

Vd

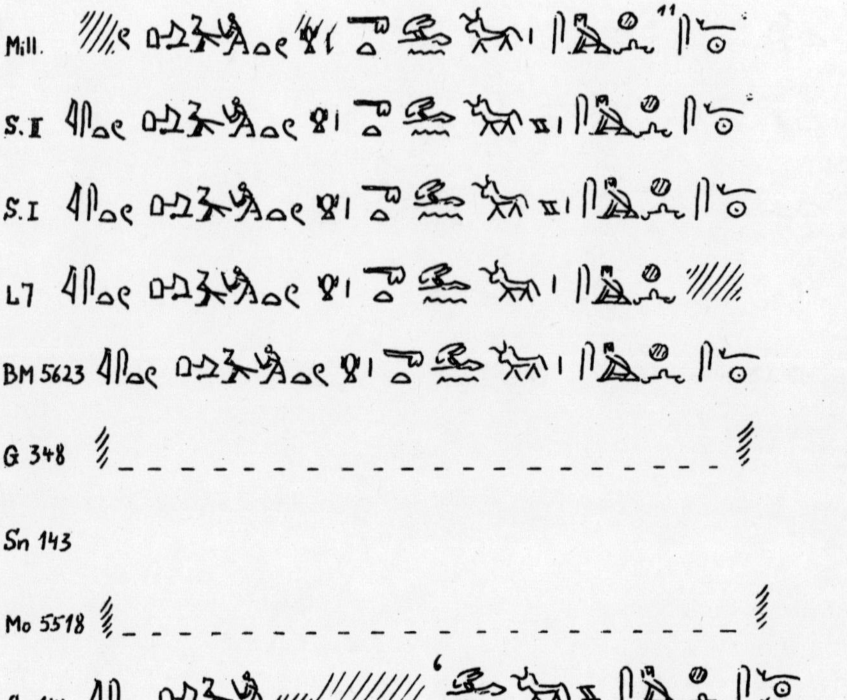
Mill.
S.II
S.I
L7
BM 5623
G 348
Sn 143
Mo 5518
Sn 144
Mi 23
Mi 50
P57
B 3019
Car. 5
Mi 80

Ve

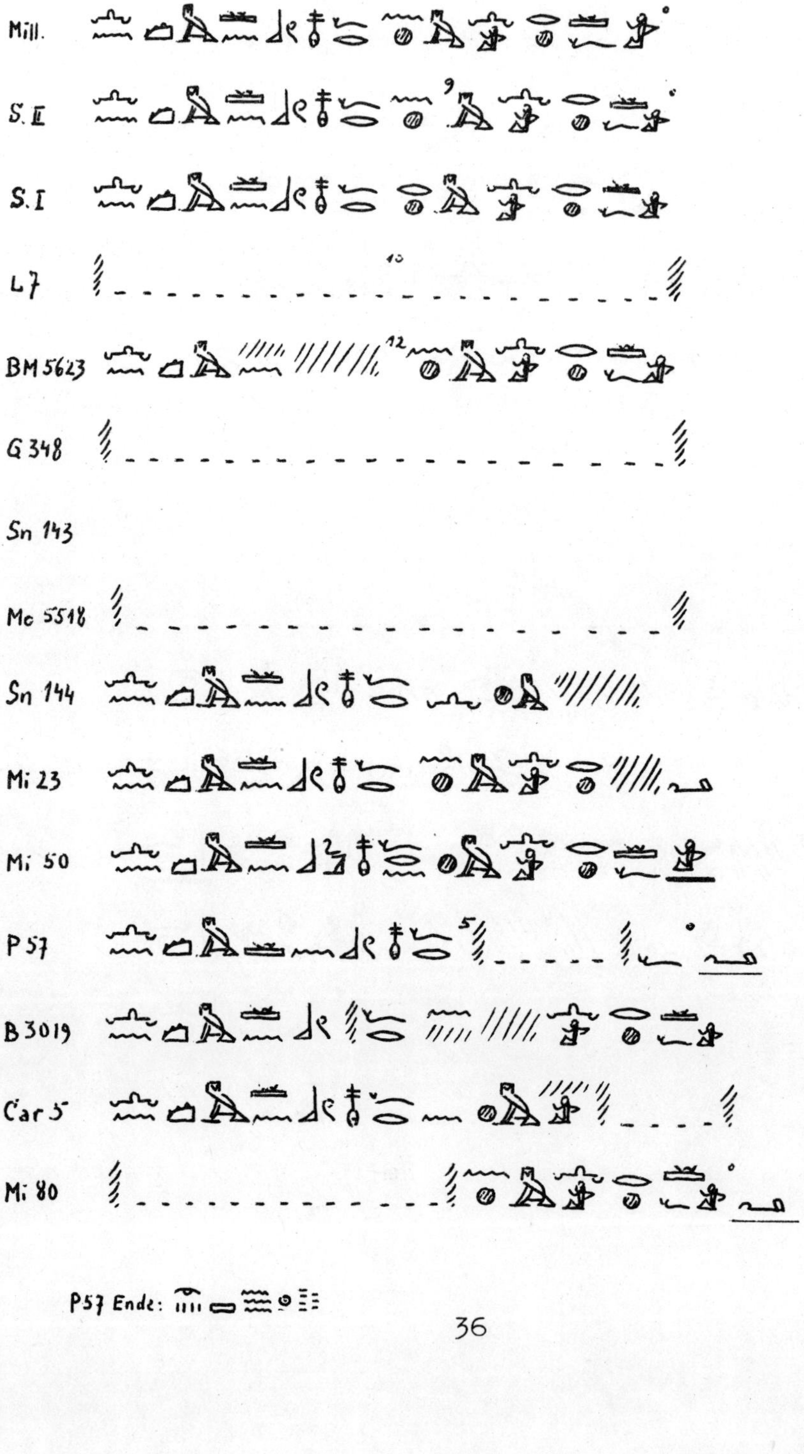
Mill.
S. II
9
S. I
L 7
10
BM 5623
12
G 348
Sn 143
Mc 5518
Sn 144
Mi 23
Mi 50
2
P 57
5
B 3019
Car 5
Mi 80

P57 Ende:

5. Abschnitt

Zum Text:

b) Im zweiten Teil des Satzes sieht man die Versuche der Emendation: dem Text der 18. Dynastie (ntj n śḏm.tw.f) stehen mehrere Varianten gegenüber: m iwtj bw śḏm.nj (bzw. śḏm.kwj) oder in den beiden Sallier Papyri iwtj n śḏm.tw.f.
Die frühe Quelle Sn 144 hat das nur hier belegte Wort qꜣmd.t ausgelassen; dem Schreiber war es sicherlich unbekannt.

c) Frühe Texte nur bw gegen ramessidisches iw bw.

e) Ramessidische Texte schwanken zwischen n ḫm und r ḫm.

Übersetzung:

Meine lebenden Abbilder, die ihr abgesondert (?) seid unter den Menschen! [a] Macht mir eine Totenklage, [b] die man noch nicht gehört hat. [c] Denn die Größe des Kampfes, nicht hatte man (sie je) gesehen. [d] Kämpft man auf dem Schlachtfeld, das Gestern vergessend, so kann das Glück dem nicht gelingen, der ohne Kenntnis ist. [e]

a) Gardiner, Mél. Masp. 484:"my co-heirs among men"; Posener, Litt. 70:"ayant part aux hommes"; Wilson, ANET 418 "ye who share with me among mortals".

b) Hierzu vgl. Gardiner, a.a.O. 485 nach Griffith, ÄZ 34, 41 n. 4, der es "Hoch-mit-der-Hand" deutet; deshalb ist es maskulin. Gardiners Emendation auf Grund ramessidischer Texte zu m ntj ist wohl nicht nötig.

c) vgl. Westendorf, Passiv p. 112.

d) So Westendorf, a.a.O. besser als Gardiner:"and let my feat of combat be unseen".

e) Gardiner:"void of knowledge"; ḫm-rḫ.f ist ein zusammengesetztes Nomen.

VIa

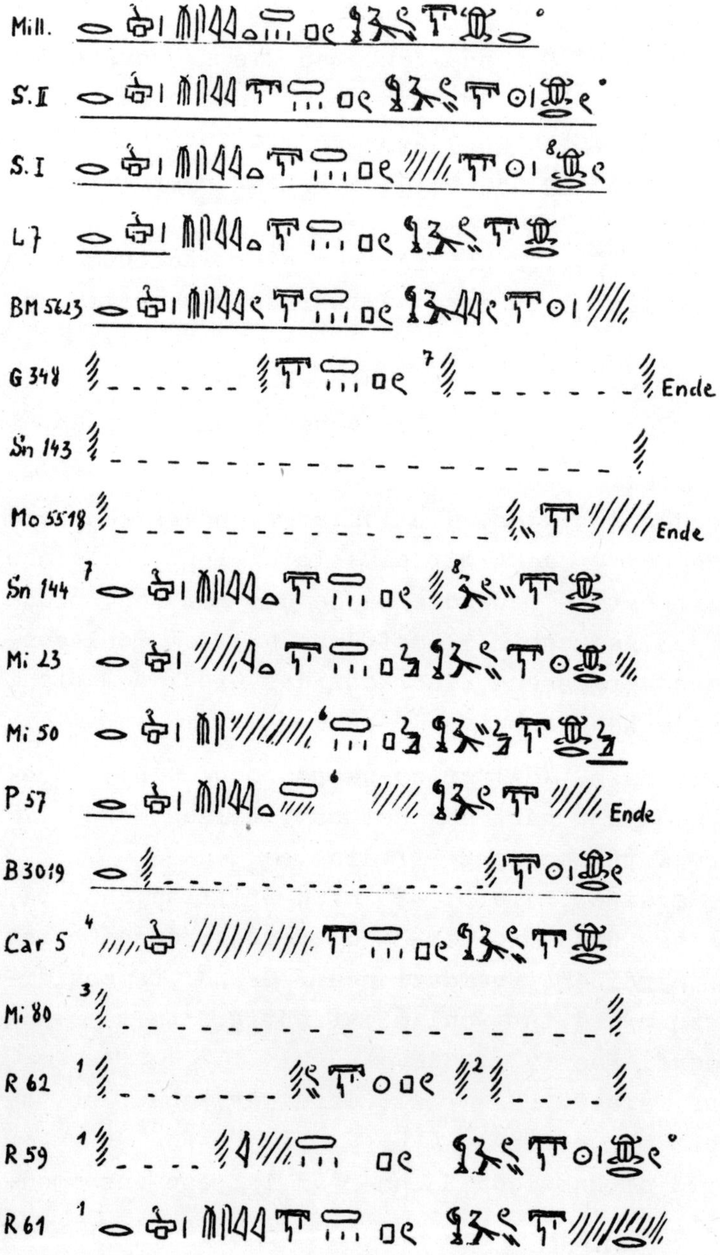
Mill.
S.II
S.I
L 7
BM 5623
G 348
Ende
Sn 143
Mo 5518
Ende
Sn 144
Mi 23
Mi 50
P 57
Ende
B 3019
Car 5
Mi 80
R 62
R 59
R 61
R 57

VIb

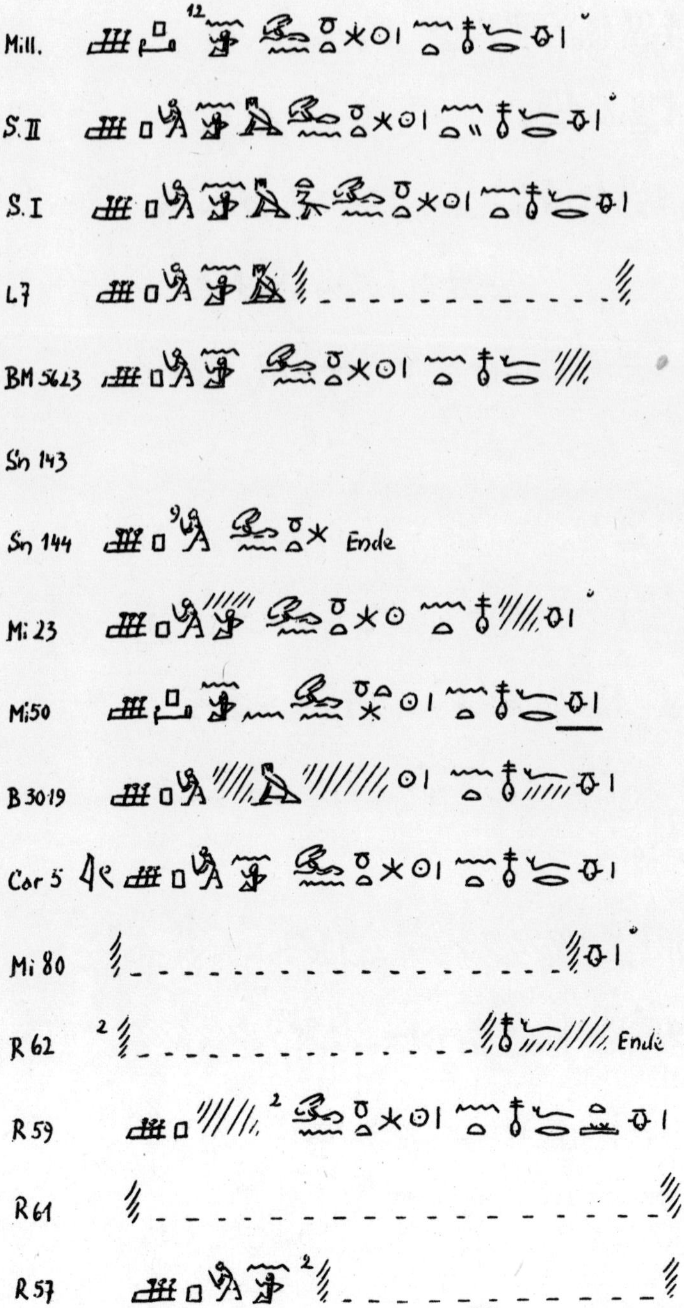

Mill.
S.II
S.I
L7
BM 5623
Sn 143
Sn 144
Ende
Mi 23
Mi 50
B 3019
Cor 5
Mi 80
R 62
Ende
R 59
R 61
R 57

VIc

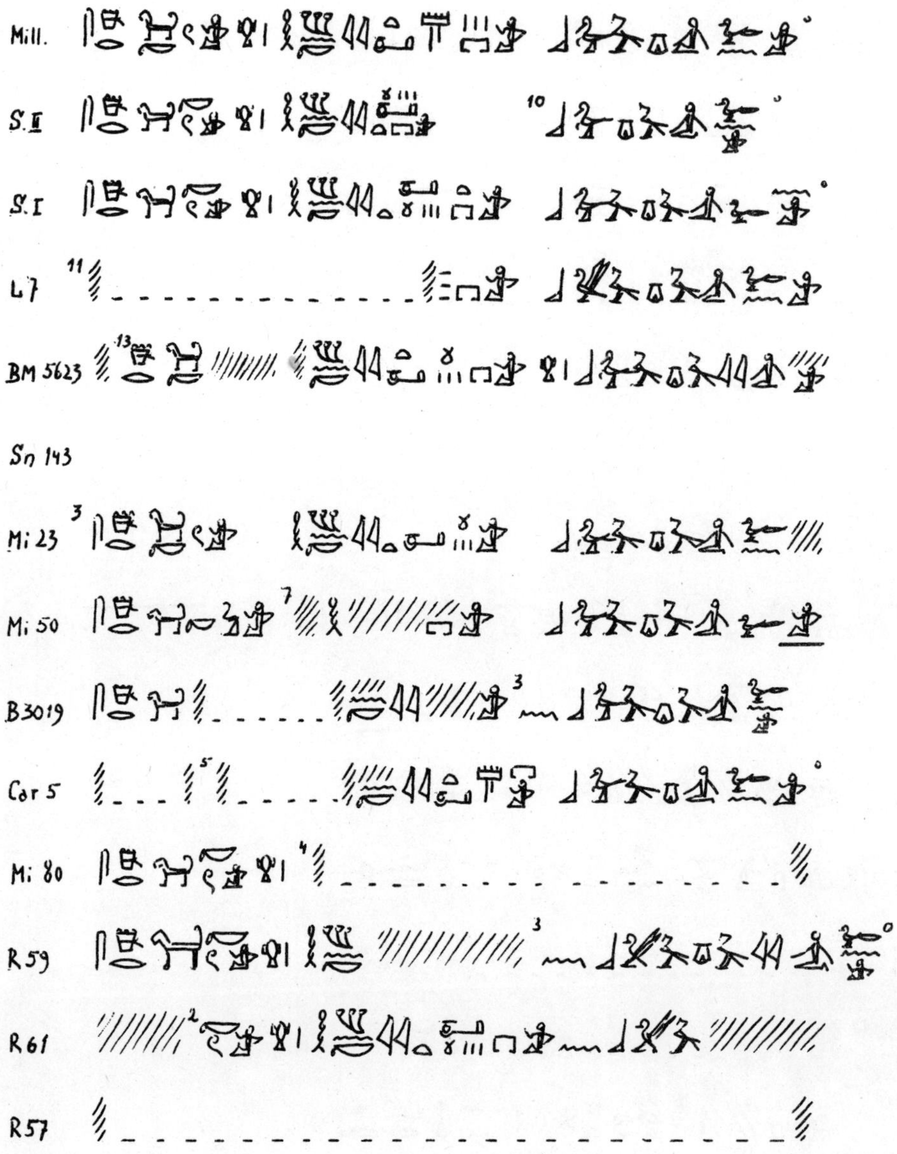
Mill.
S.II
S.I
L7
BM 5623
Sn 143
Mi 23
Mi 50
B3019
Car 5
Mi 80
R59
R61
R57

VId

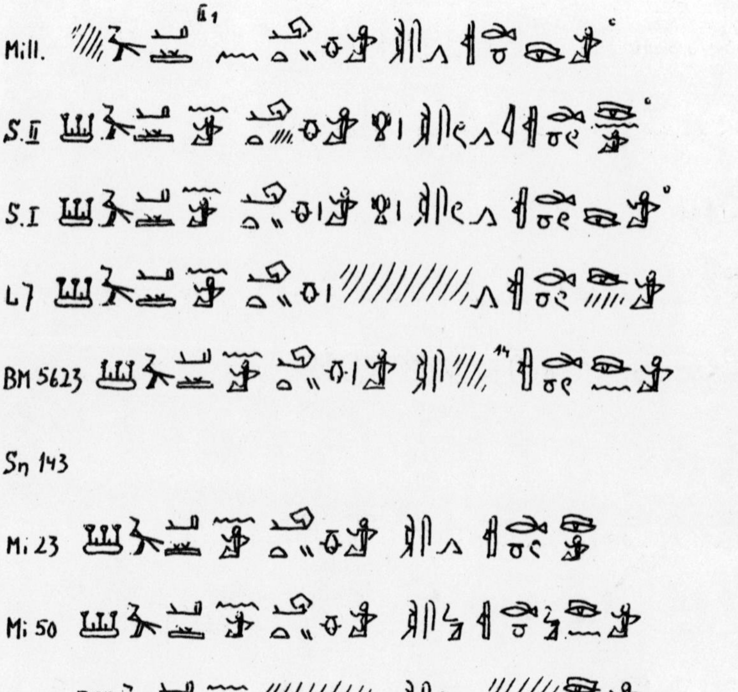
Mill.
S.II
S.I
L7
BM 5623
Sn 143
Mi 23
Mi 50
B 3019
Car 5
M. 80
R 59
R 61
R 57
Mi 20bis

VIe

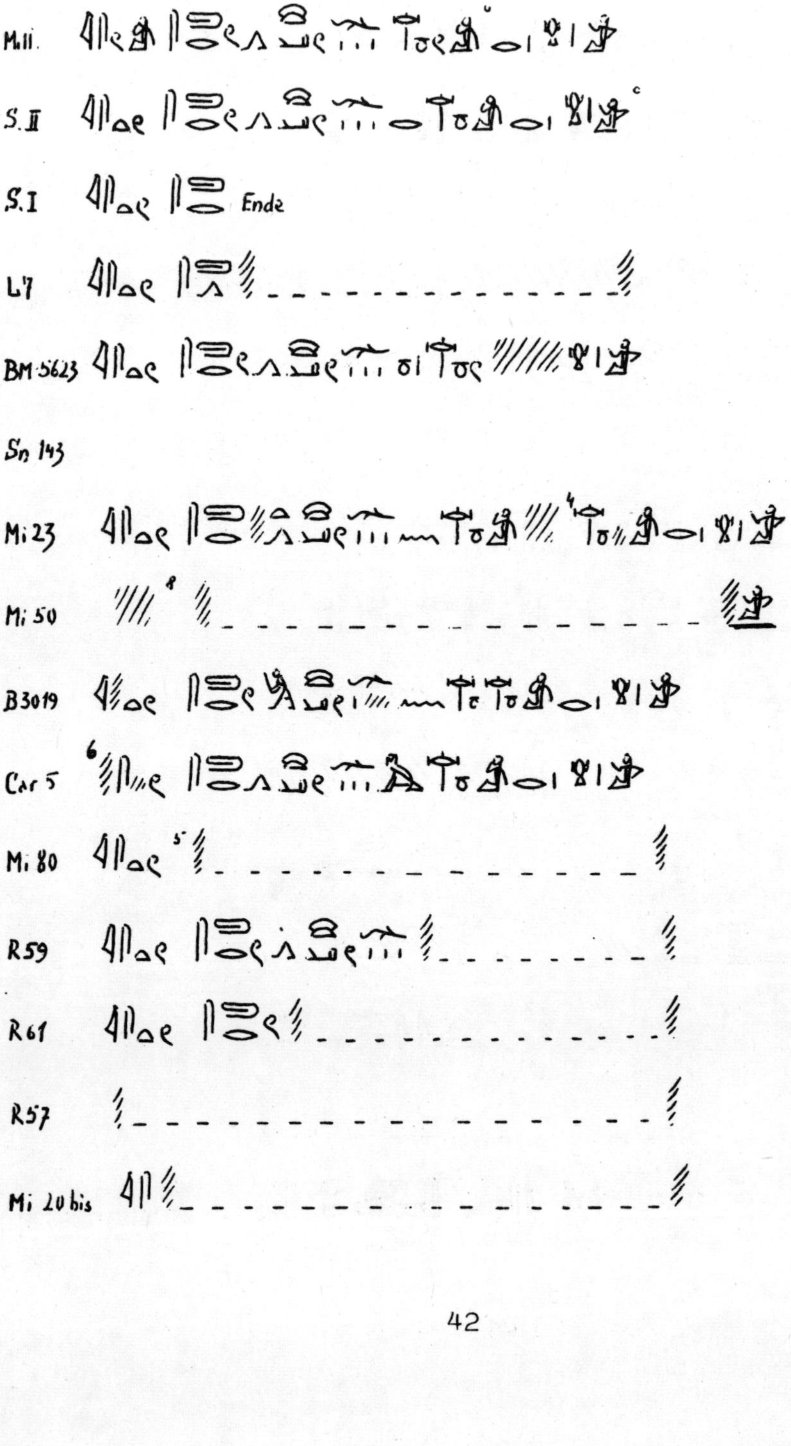
M.II.
S.II
S.I
Ende
L7
BM 5623
Sn 143
Mi 23
4
Mi 50
8
B3019
Car 5
6
Mi 80
5
R59
R61
R57
Mi 20 bis

VIf

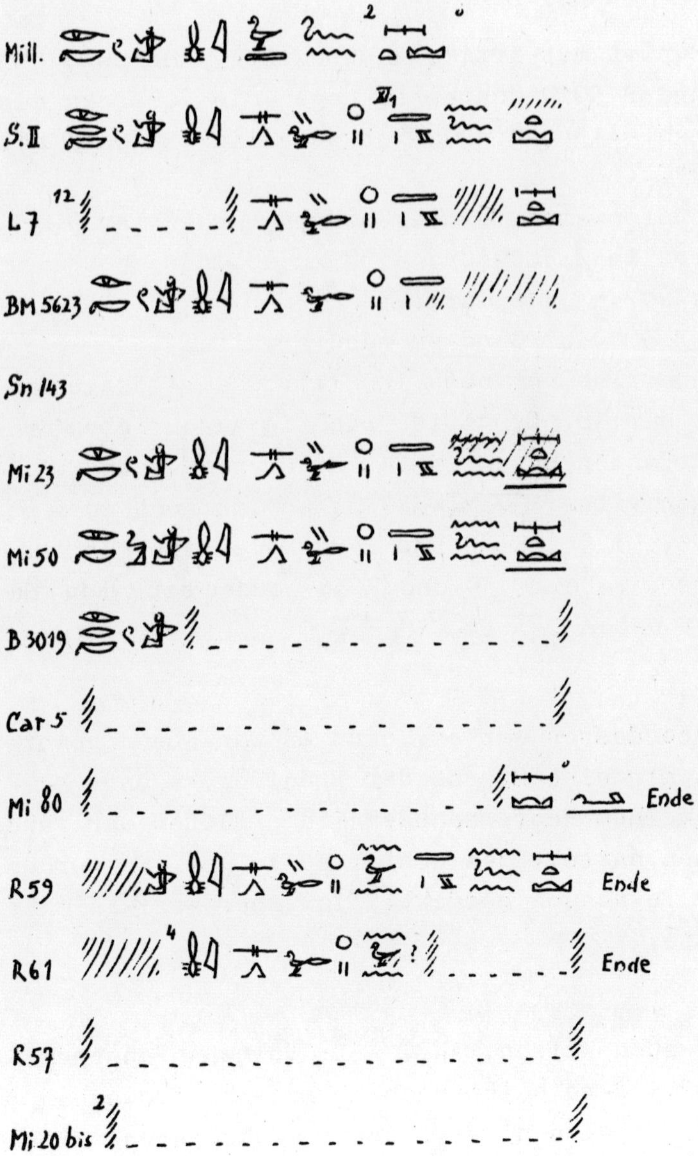
Mill.
S.II
L7
BM 5623
Sn 143
Mi 23
Mi 50
B 3019
Car 5
Mi 80
Ende
R59
Ende
R61
Ende
R57
Mi 20 bis

6. Abschnitt

Zum Text:

b) Sall. I m tꜣ wnw.t mit Artikel: unbewußte Änderung?

c) R 57 und 58 und B 3019 schreiben gegen die Ostraka aus Deir el-Medineh  bꜣgꜣ(jj) - ob zufällig? BM 5623 hat dafür ein "ḥr".

d) Es ist eine stufenweise Textveränderung erkennbar: Mill. šꜣꜥ.n ḥꜣtj wird in B 3019 und R 57 zu šꜣꜥ.n nj ḥꜣtj; am Ende entsteht šꜣꜥ.nj ḥꜣtj ḥr...

e) In Mi 23 und B 3019 wird nḏ zu nḏnḏ erweitert.

f) sꜣ-tꜣ "Schlange" ist nur noch in Mill., dem einzigen erhaltenen Text der 18. Dynastie, richtig geschrieben; alle anderen Varianten haben sj-tꜣ "zu Grunde gehen" verstanden und schreiben: . So ist auch in L 7, BM 5623, Mi 23, Mi 50, R 59 und R 61 gegen die Publikationen zu lesen, wobei R 59 und R 61 jedoch eine Konjektur angebracht haben: 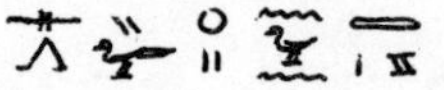....

Übersetzung:

Nach dem Abendessen war es, denn es war Abend geworden, nachdem ich mir eine Stunde der Erholung gegönnt hatte. Ich lag auf meinem Bett, nachdem ich ermattet war und mein Herz begonnen hatte, dem Schlaf zu folgen. Da wurden Waffen zu meiner Bewachung gezückt.[a] Ich aber war wie eine Schlange der Wüste.[b]

a) śpẖr "zücken" auch Wilson, ANET 418; Volten: "gegeneinandergewendet". nḏ-rꜣ heißt nach Wb griech. "bewachen"; es dürfte hier bereits diese Bedeutung vorliegen; einen ähnlichen Sinn dieses Wortes erwägt auch Wilson. Unklar ist nur, wie ḫꜥw und nḏ-rꜣ miteinander in Beziehung zu setzen sind. Mill. scheint eine direkte Genetivverbindung anzugeben. Die Varianten stellen die Verbindung in verschiedener Weise her: durch Einschieben von r (Sall. II), nw (BM 5623), n (Mi 23; B 3019) oder m (Car 5, die älteste Quelle). Dies zeigt an, daß die zugrundeliegende Vorlage in der Tat keine Präposition hatte, die man dann notwendigerweise ergänzte. Wahrscheinlich darf man für den Urtext h̯ᶜw n nḏ-rꜣ ansetzen, wobei dann das "n" des Genetivs schon sehr früh mit dem ersten Konsonanten von nḏ-rꜣ zusammenfiel und somit aus dem geschriebenen Text verschwand.

b) Wilsons Übersetzung ist kaum richtig, weil er das sekundär entstandene "sj" mit berücksichtigt: "I was like one crumbled, crumbled to dust, a snake of the desert". Auch Voltens Konjektur (...kwj zu kjjw) ist unnötig.

VIIa

Mill. 

S.II   schwarz

L7 

BM 5623 

Sn 143

Mi 23 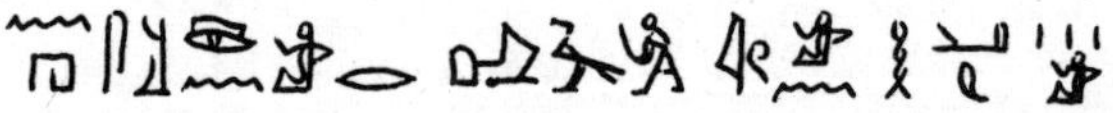 Ende

Mi 50 

B 3019 

Car 5 

R 57  Ende

Mi 20 bis 

R 58  Ende

Mi 23 Ende:

VIIb

Mill. 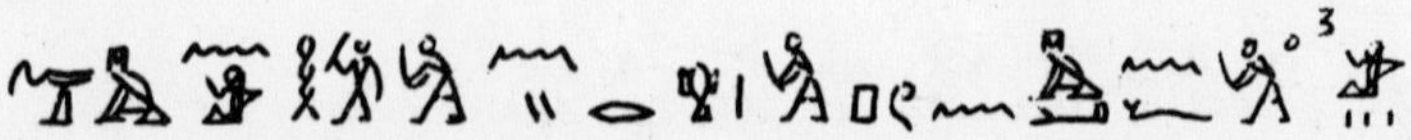

S.II 

L7 

BM 5623 

Sn 143

Mi 50 rt 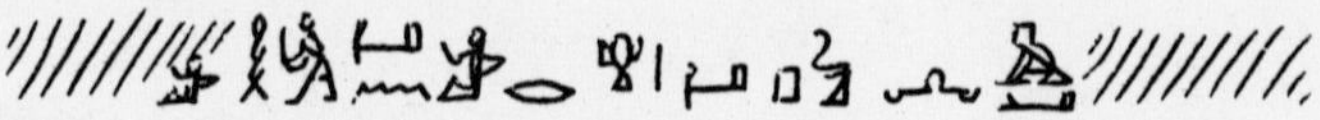

Mi 50 vs 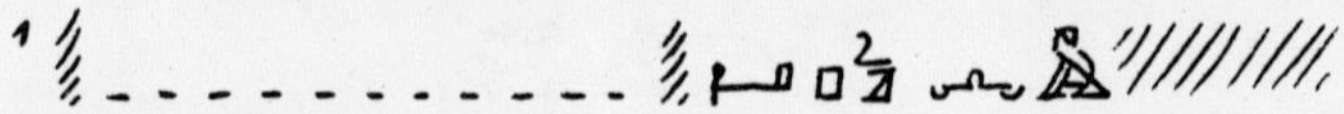

B 3019 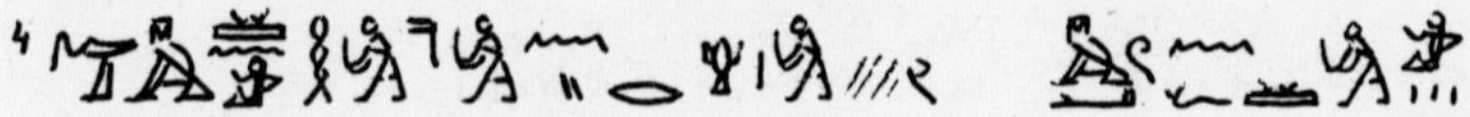

Cor 5 

Mi 20 bis 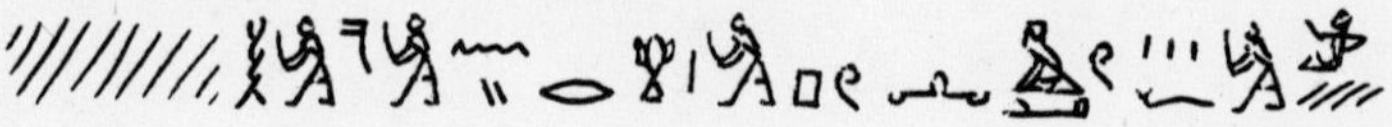

VIIc

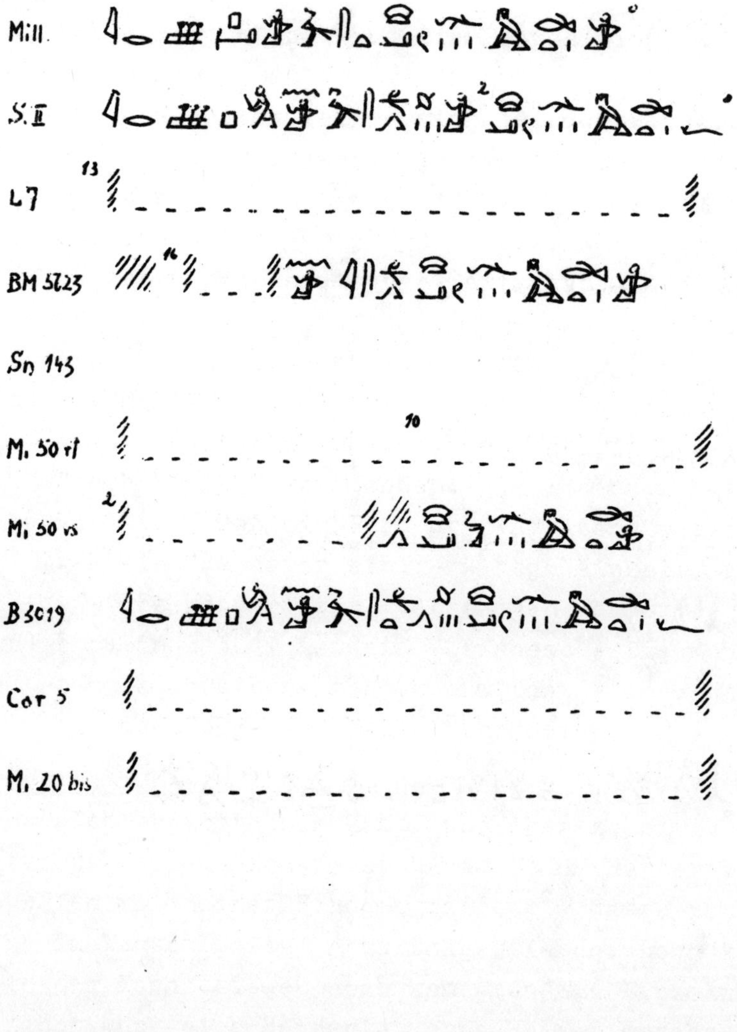
Mill.
S. II
13
L 7
BM 5623
14
Sn 143
M. 50 rt
10
Mi 50 vs
2
B 3019
Cor 5
M. 20 bis

VIId

Mill. 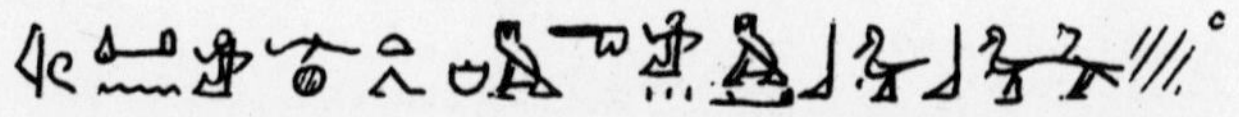

S.II 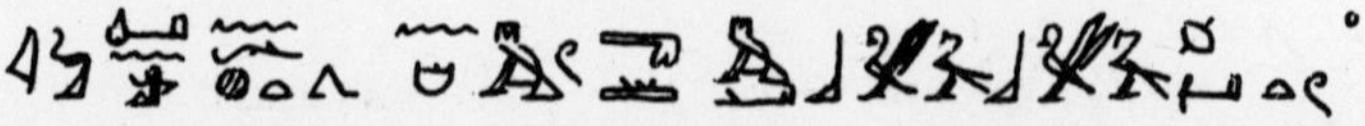

L7 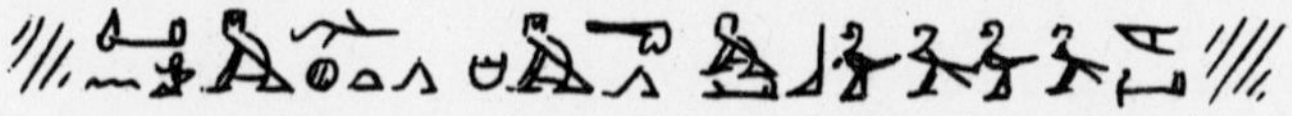

BM 5623 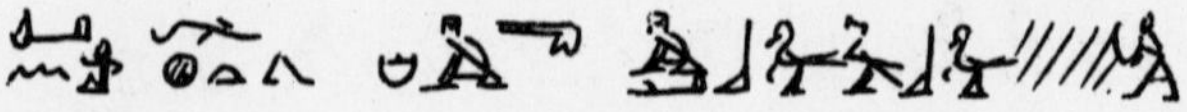

Mi 50 rt  Ende

Mi 50 vs 

Śn 143

B 3019 

Cat 5 

Mi 20 bis 

VIIe

Mill. 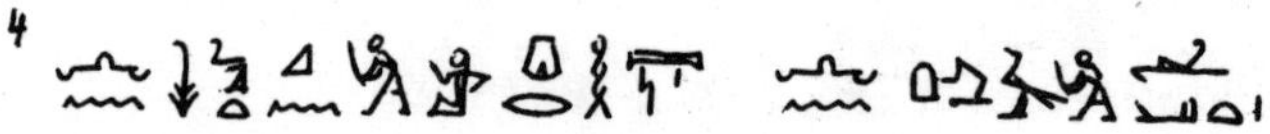

S.II 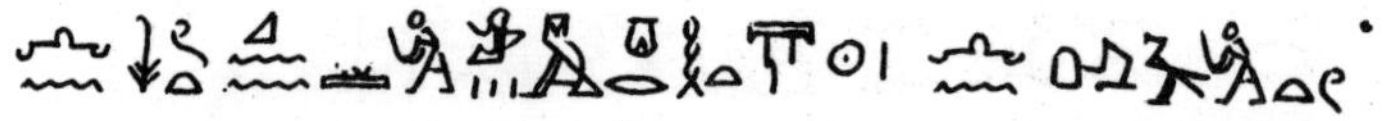

L7 

BM 5623 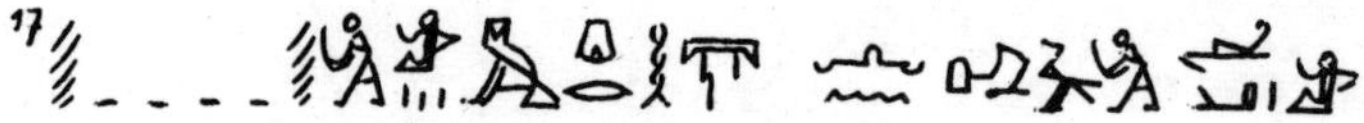

Sn 143

Mi 50 v. 

B 3019 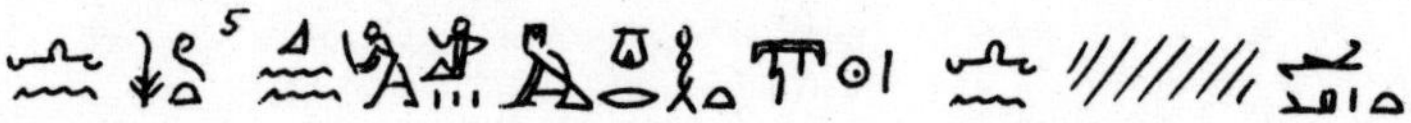

Cat 5 

Mi 20 bis 

Sn 145 

VIIf

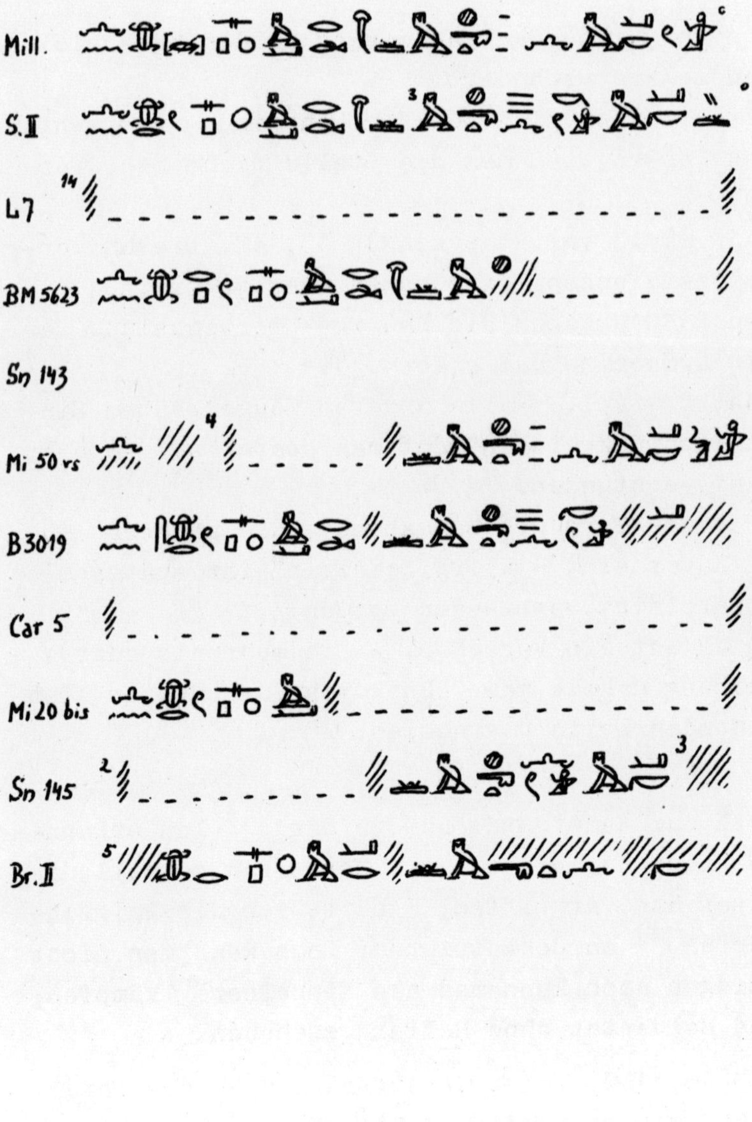
Mill.
S.II
L7
BM 5623
Sn 143
Mi 50 vs
B 3019
Car 5
Mi 20 bis
Sn 145
Br.II

7. Abschnitt

Zum Text:

a) Bei nhś.nj n ꜥḥꜣ wird die Präposition in den ramessidischen Texten zu "r" verändert.

b) Unsicherheiten zeigen sich bei der Schreibung von mwnf, die erkennen lassen, daß man die Stelle nicht mehr verstanden hat.

c) Zur Lesung jr šsp.j vgl. Lopez, RdE 15, 32. Die drei erhaltenen ramessidischen Texte haben aber jr šsp.n.j. - Sall. II und B 3019 haben die häufige Verwechslung der enklitischen Pronomina (.f statt .j).

d) Nur Mill. hat ḥmw (pl.), alle anderen Zeugen haben Singular. - ḫtj "zurückweichen" hat man später als m/n ḫt "nach hinten" verstanden.

e) Nur Mill. hat die Form grḥ "am Abend", die anderen fügen ein "m" davor ein. - wꜥ.tj "einzeln" ist später als wꜥw (Pseudopartizip) verstanden worden.

f) śḫpr in B 3019 ist ein Versehen. - Die mehrmals auftretende Schreibung m ḫm.k mkw "ohne dich, den Helfer" ist aus der folgenden Zeile übernommen.

Übersetzung:

Ich erwachte zum Kampf und 'kam zu mir'.[a] Ich erkannte, daß es ein Kampf der Wache [b] war. Hätte ich schnell die Waffen mit meiner Hand ergriffen,[c] hätte ich die Feiglinge im Wegschlüpfen [d] zurückgetrieben. Doch kann man nicht in der Nacht siegen noch kann man als Einzelner [e] kämpfen; nicht kann eine Heldentat ohne Helfer geschehen.

a) Anthes, JNES 16, 189, weist darauf hin, daß die Phrase n ḥꜥw.j nicht, wie es Gardiner, Mél. Masp. 486 f. übersetzt, "being alone" heißen kann, sondern allein "I was belonging to my limbs", d.h. "I was alert at once".

b) Zu mwnf vgl. Wb. II 55, 7/9 "Beistand, Helfer". Gewöhnlich übersetzt man "Soldaten" (Gardiner, Mél. Masp. 486

"soldiery"; Anthes, a.a.O."soldiers"); anscheinend wird dabei fälschlicherweise an mnfjj.t gedacht. Nur Wilson, ANET 418 überträgt "of the guard".

c) Zu der entscheidenden Deutung von jr śḏm.f als Irrealis vgl. Lopez, RdE 15, 32.

d) m bꜣbꜣ ist sicher "m" mit Inf. wie in Urk. IV 1311,5: m rkrkjj.t. Vielleicht besteht eine Verbindung mit Verben unsicherer Bedeutung nbꜣbꜣ (Wb. II 243,14) mit dem Simplex nbꜣ (Det. Λ) und mit dem Substantiv bꜣbꜣ "Schlangenloch", sodaß für bꜣbꜣ als Verb die Bedeutung "in einem Loch verschwinden, wegschlüpfen" anzunehmen wäre.

e) vgl. Gardiner, Mél. Masp. 486 f.; Posener, Littér. 67; Faulkner,Faulkner, Griffith Studies 71.

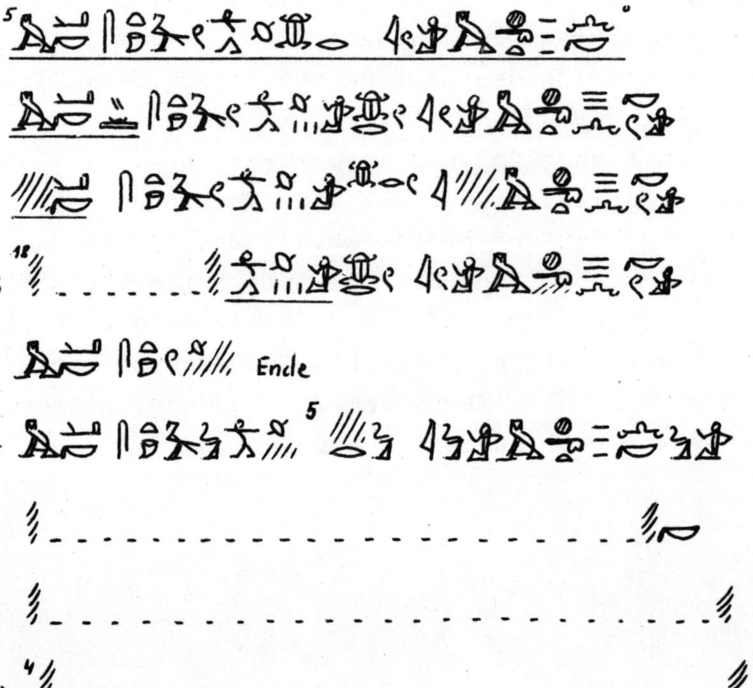

Mill.
S. II
L 7
BM 5623
Sn 143 … Ende
Mi 50 vs
B 3019
Car 5
Mi 20 bis
Sn 145 … Ende
Br. II
DM 1007
P 29
BM 5638
Tor A 9

VIIIb

Mill.
S. II
L 7
BM 5623
Mi 50 vs
B 3019
Car 5
Mi 20 bis
Br. II
DM 1007
P 29
BM 5638
Tor A 9

VIIIc

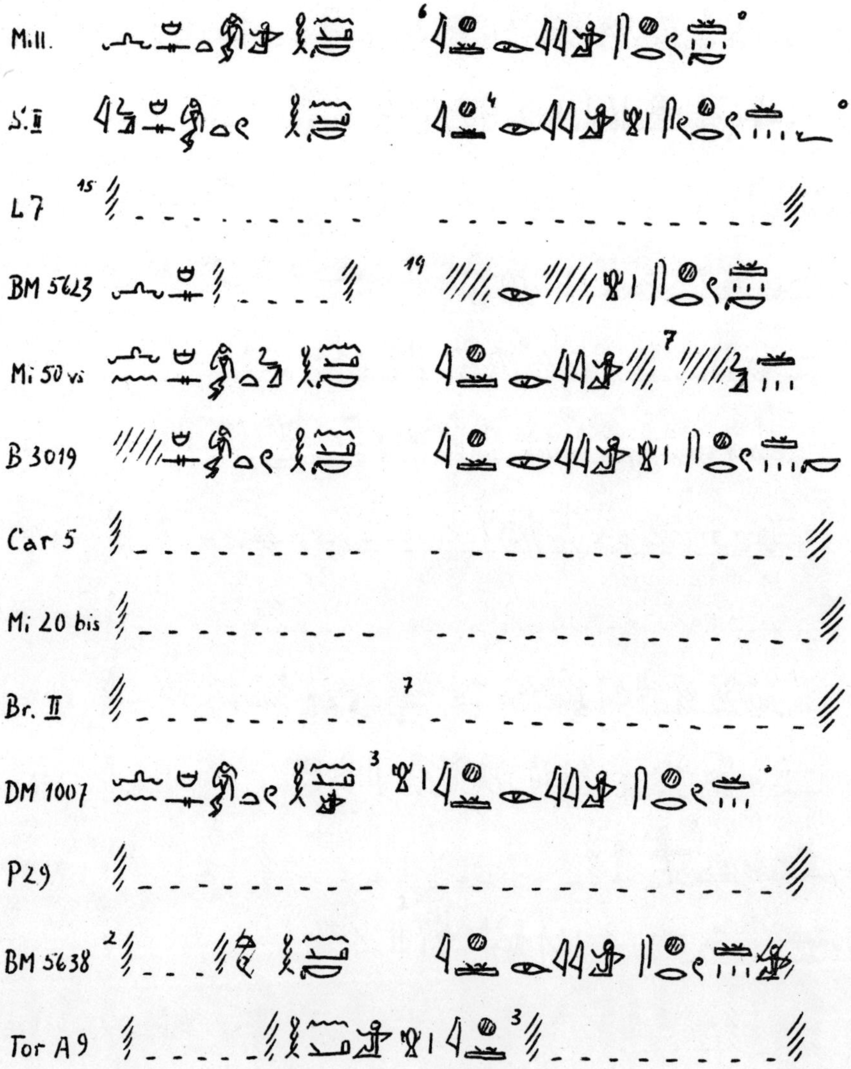
Mill.
S.II
L 7
BM 5623
Mi 50 vs
B 3019
Car 5
Mi 20 bis
Br. II
DM 1007
P 29
BM 5638
Tor A 9

VIIId

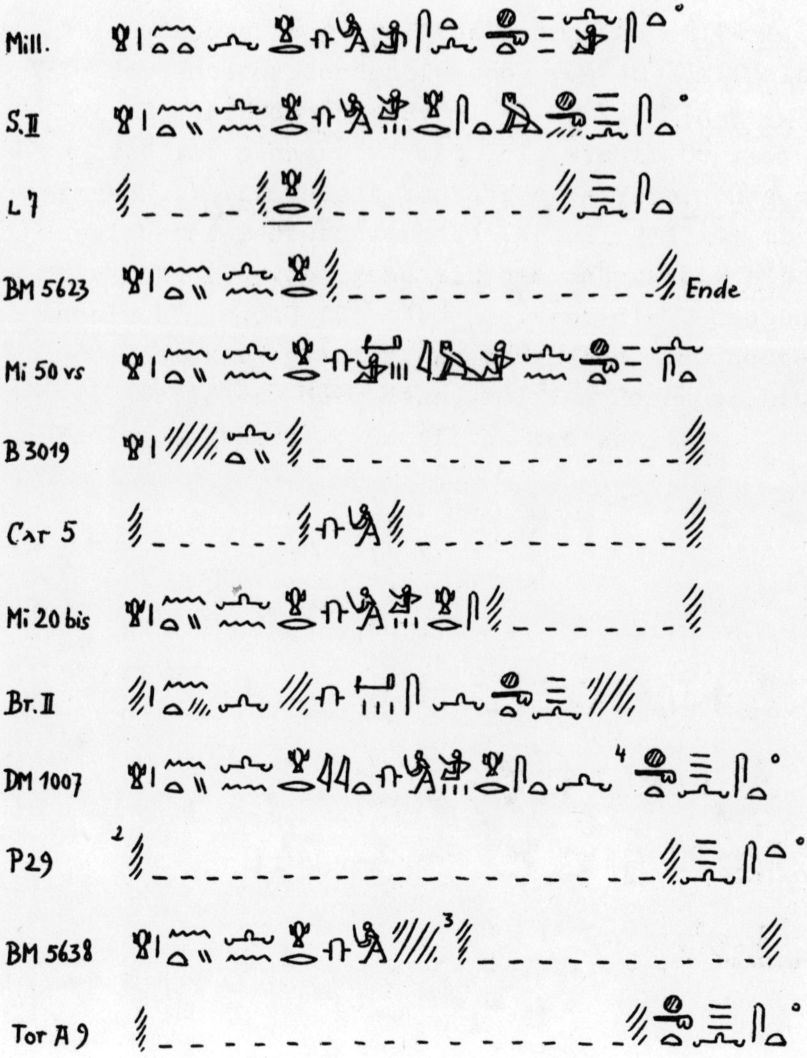
Mill.
S.II
L 7
BM 5623
Ende
Mi 50 vs
B 3019
Car 5
Mi 20 bis
Br.II
DM 1007
P29
BM 5638
Tor A 9

VIIIe

Mill.
S. II
L 7
Ende
Mi 50 vs
B 3019
Car 5
Mi 20 bis
Br II
DM 1007
P 29
BM 5638
Tor A 9

8. Abschnitt

Zum Text:

a) śtꜣ.j mit Suffix ist vielleicht gute Überlieferung, da Pap. Mill. das Suffix der 1. Person weggelassen haben kann.

b) Gegenüber dem der beiden Texte der 18. Dyn. (Mill., Br. II) haben die meisten ramessidischen .- Die in Mill. (und Br. II ?) erhaltene t-Form ist anscheinend zunächst in die n-Form verändert worden, wodurch wohl auch die Zufügung der Negation erzwungen wurde. Daraus wurden dann die Formen śḏm.nj und śḏm.j entwickelt. Diese Veränderungen haben dann auf das Satzende śwꜥḏ.j n.k eingewirkt, das nun in DM 1007 śwꜥḏ.nk oder in BM 5623 śwꜥḏ.nf heißt.

c) Hier haben die ramessidischen Texte die t-Form in śḏm.tw verändert. Daraus erfolgte in DM 1007 und Tor A 9 eine Veränderung von ḥnꜥ.k zu hnꜥ.j und die Umdeutung des jḫ des Optativs im folgenden Satz zu ḥr jḫ "warum". Der zweite Satz hat in den meisten ramessidischen Quellen ein fehlerhaftes ḥr sowie das übliche Schwanken der enklitischen Pronomina.

d) Veränderungen durch Umdeutungen: ḥr.ś anstelle des Objekts ś.t; Mi 50 sekundär jm.j.

e) In Sall. II Mißverständnis ntj ḥr bꜣkw statt n.t bꜣkw.

Übersetzung:

Siehe, der Mord [a] geschah, als ich ohne dich war, ehe die Höflinge gehört hatten, daß ich dir übergeben hatte, und ehe ich mit dir gethront hatte. Ich möchte mich (nun) um dich kümmern,[b] weil ich es nicht vorbereitet hatte [c] und ich es nicht bedacht hatte.[d] Ich konnte doch nicht an die Nachlässigkeit der Diener denken.[e]

a) vgl. Gardiner, Mél. Masp. I 487; de Buck, Mél. Masp. I

851; nach Wb. IV 355; Posener, Litt. 67 n.11 vom Verb sṯꜣ "extraire".

b) Wohl nicht mit Gardiner, a.a.O.: "So let me do thy will".

c) Gardiner, a.a.O.:"inasmuch as I provided not against this", d.h. den Mordanschlag. Es ist aber sicher allein die Einsetzung gemeint.

d) vgl. nach Gardiner, a.a.O. 489 Sinuhe B 223.

e) wörtlich: "Mein Herz (:Verstand) brachte nicht ...".

IXa

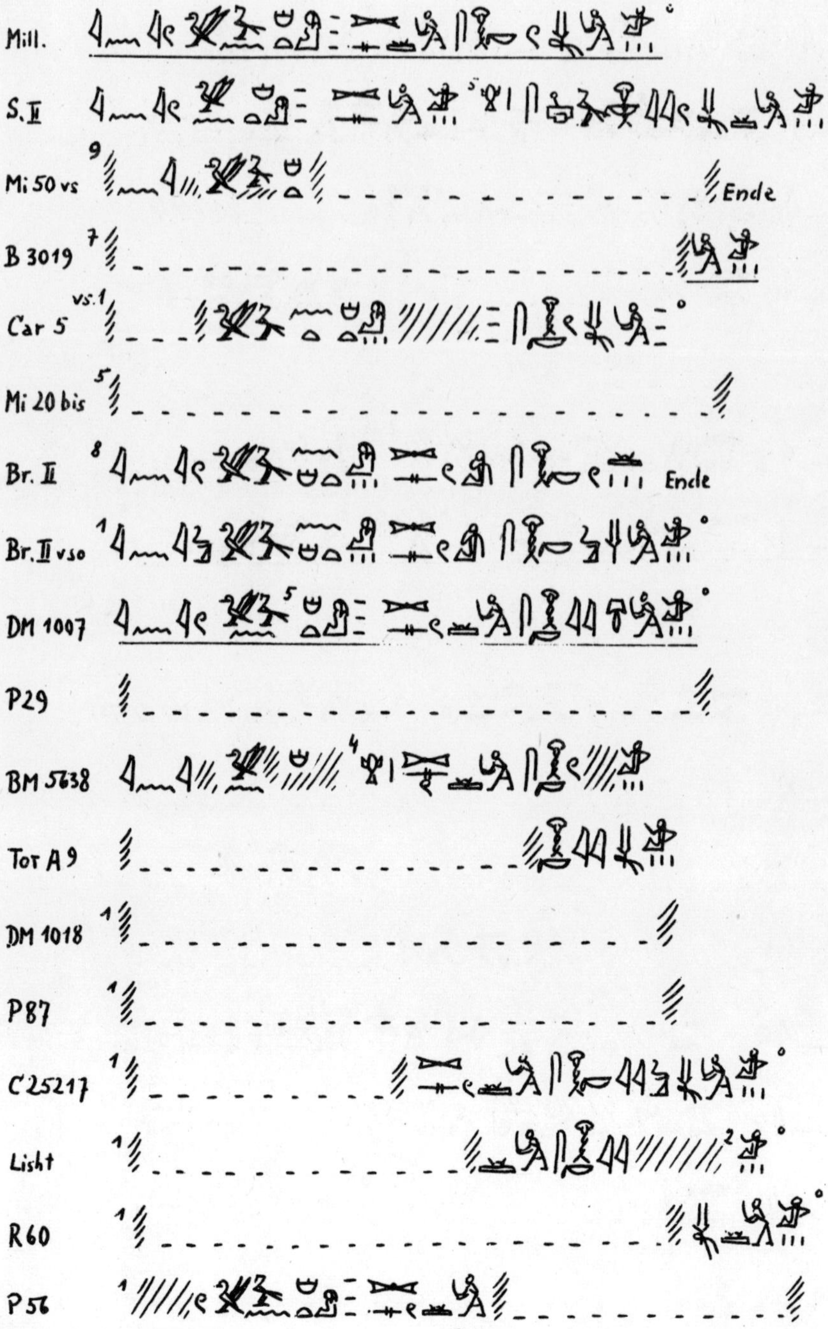
Mill.
S. II
Mi 50 vs 9
Ende
B 3019 7
Car 5 vs. 1
Mi 20 bis 5
Br. II 8
Ende
Br. II vso 1
DM 1007
P29
BM 5638
Tor A 9
DM 1018 1
P87 1
C 25217 1
Lisht 1
R60 1
P56 1

IXb

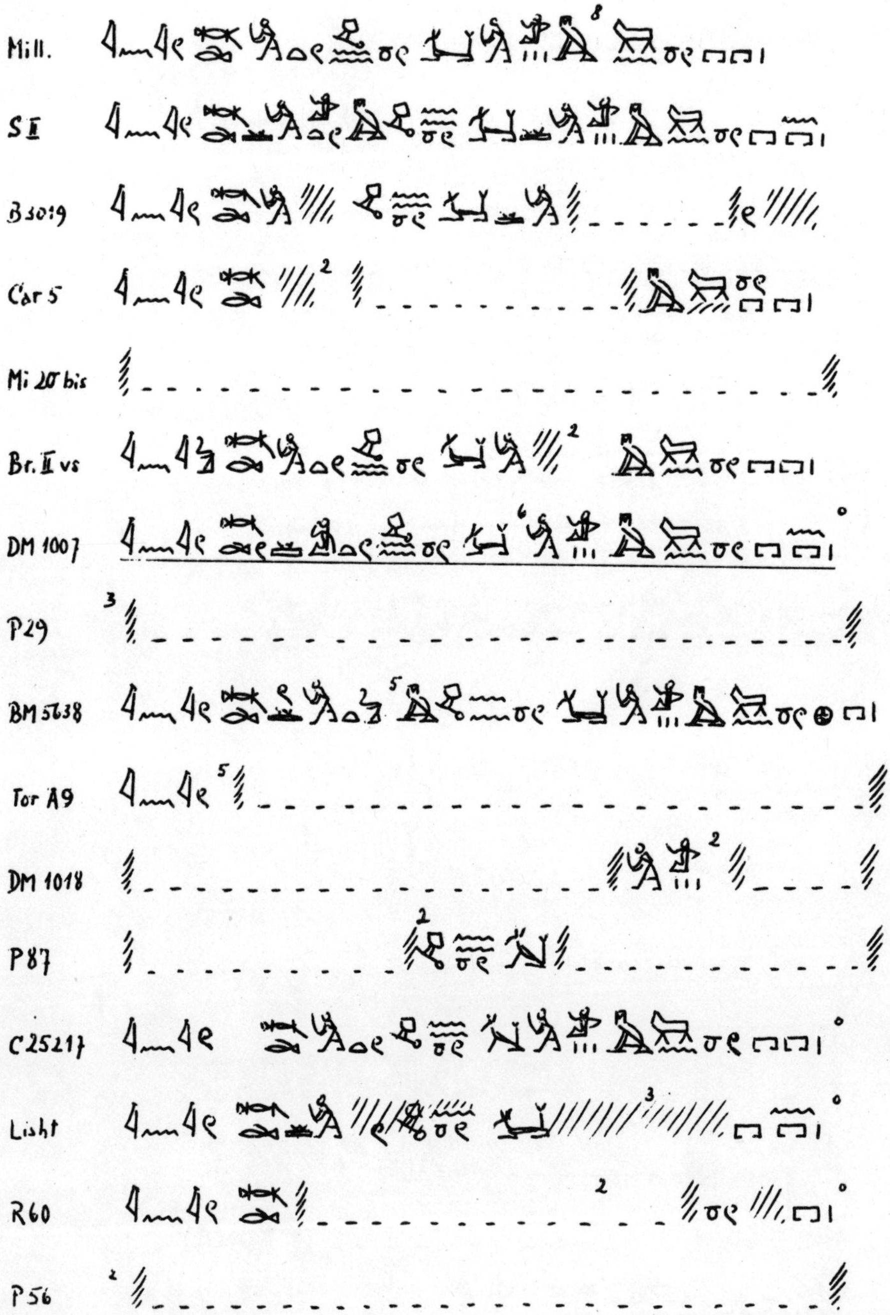
Mill.
S II
B 3019
Car 5
Mi 20 bis
Br. II vs
DM 1007
P 29
BM 5638
Tor A9
DM 1018
P 87
C 25217
Lisht
R 60
P 56

Mill.
S. II
B 3019
Car 5
Mi 20 bis
Br. II vs
DM 1007
P 29
BM 5638
Tor A 9
DM 1018
P 87
C 25217
Lisht
R 60
P 56

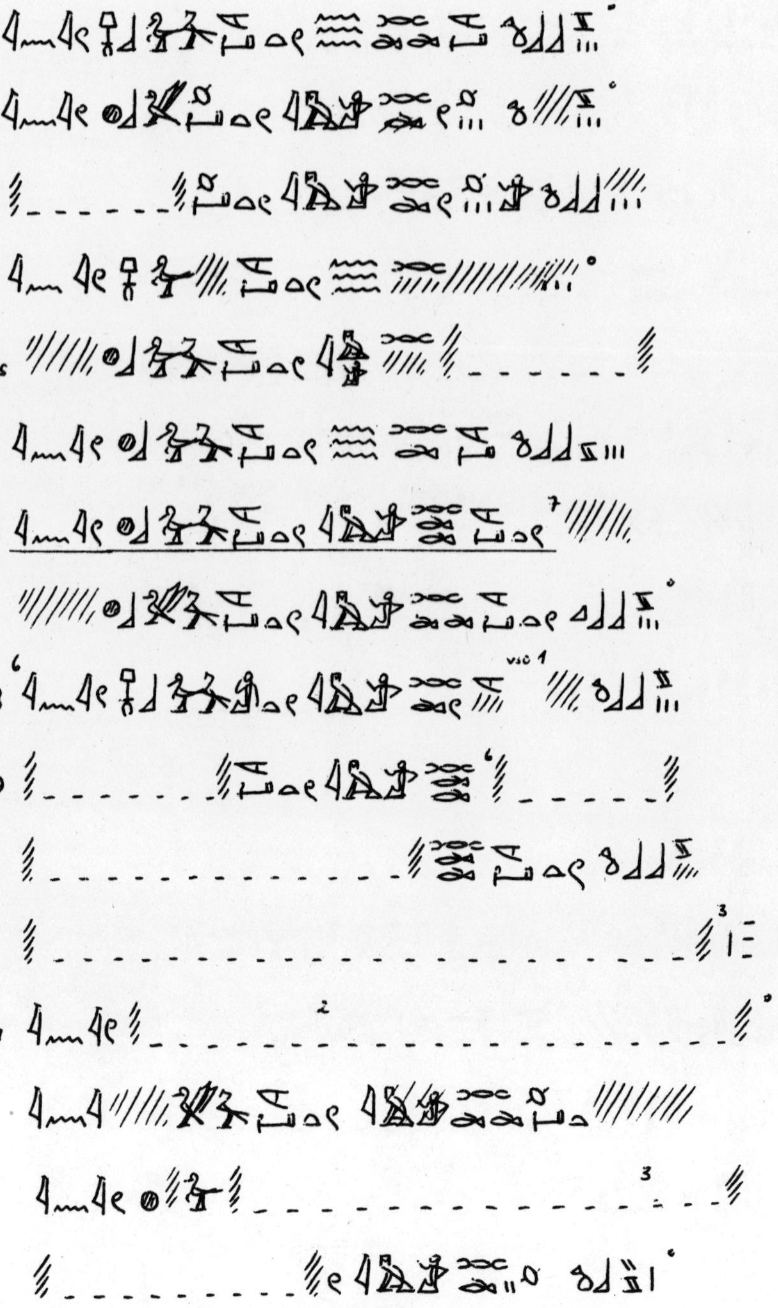

IXd

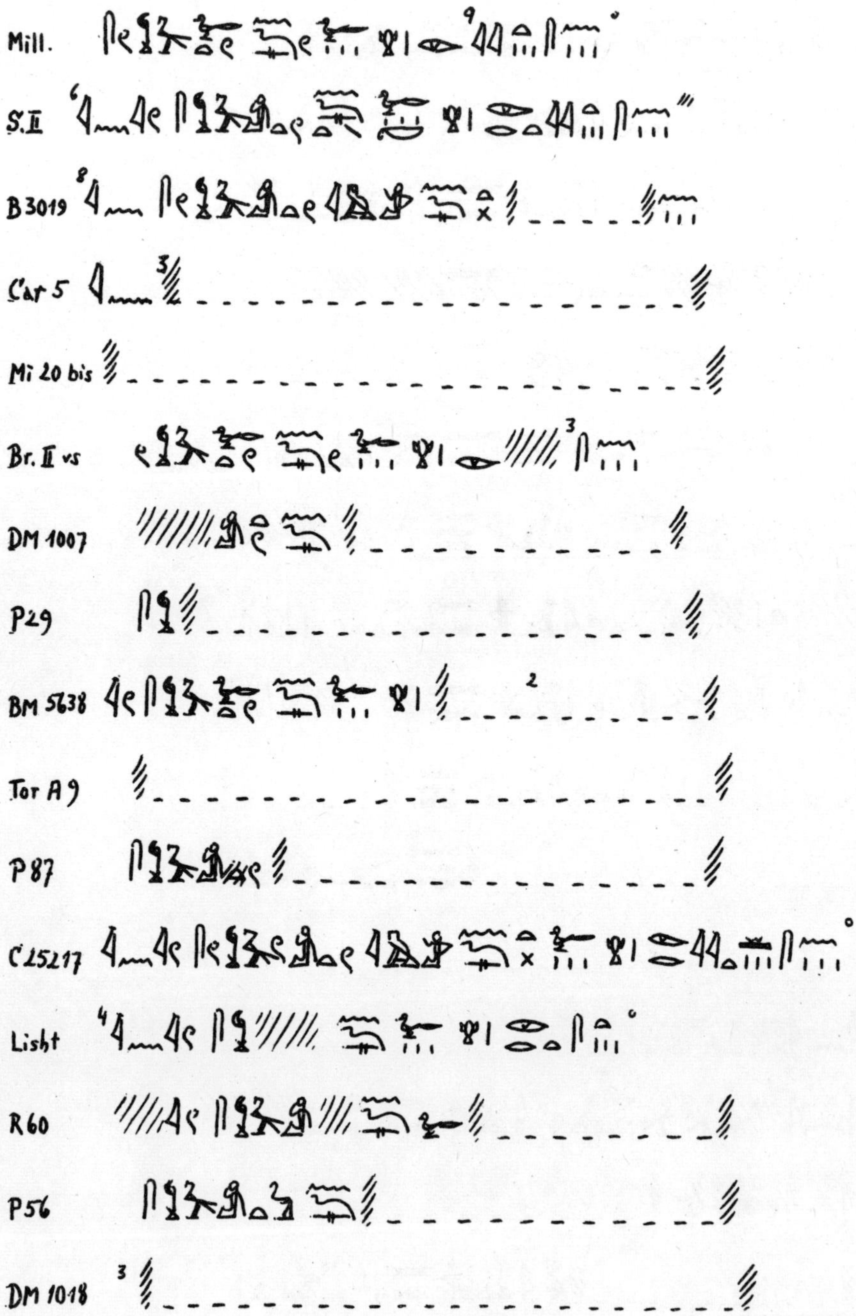
Mill.
S.II
B3019
Car 5
Mi 20 bis
Br. II vs
DM 1007
P29
BM 5638
Tor A 9
P 87
C25217
Lisht
R60
P56
DM 1018

IXe

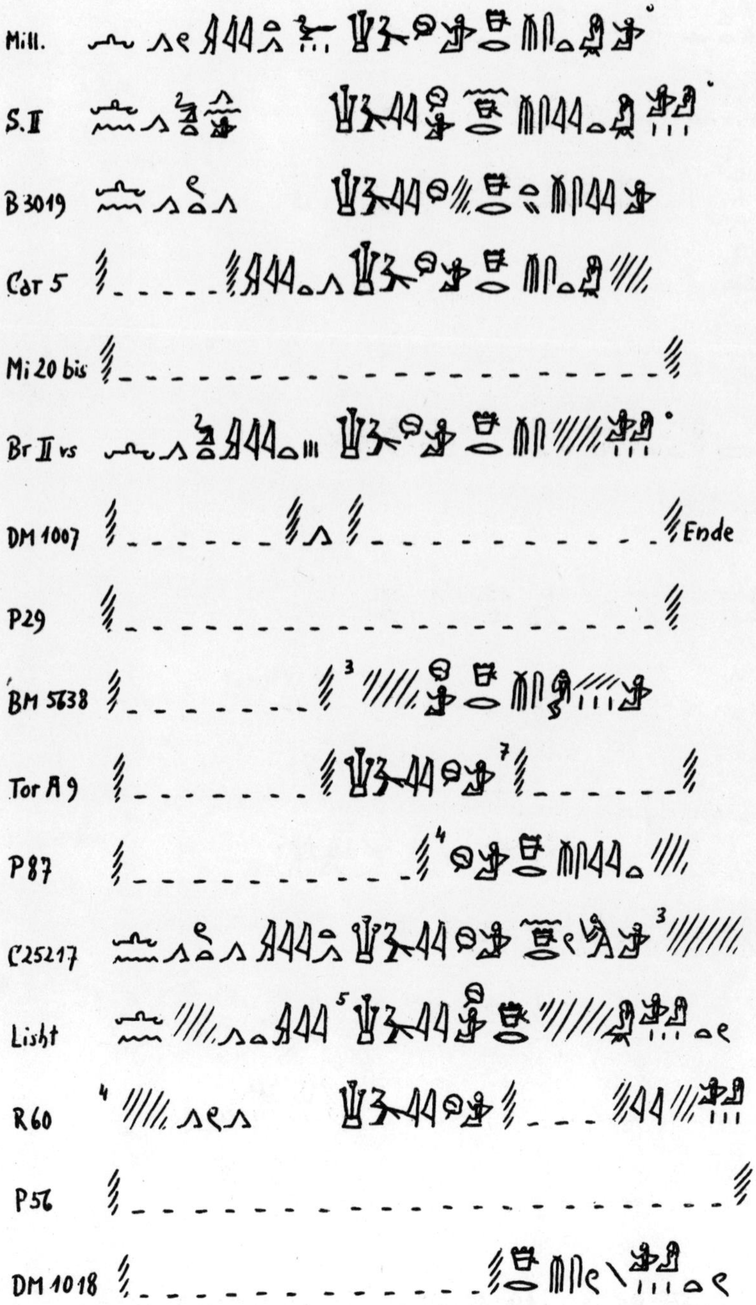
Mill.
S.II
B 3019
Car 5
Mi 20 bis
Br II vs
DM 1007
Ende
P29
BM 5638
Tor A 9
P87
C25217
Lisht
R60
P56
DM 1018

IXf

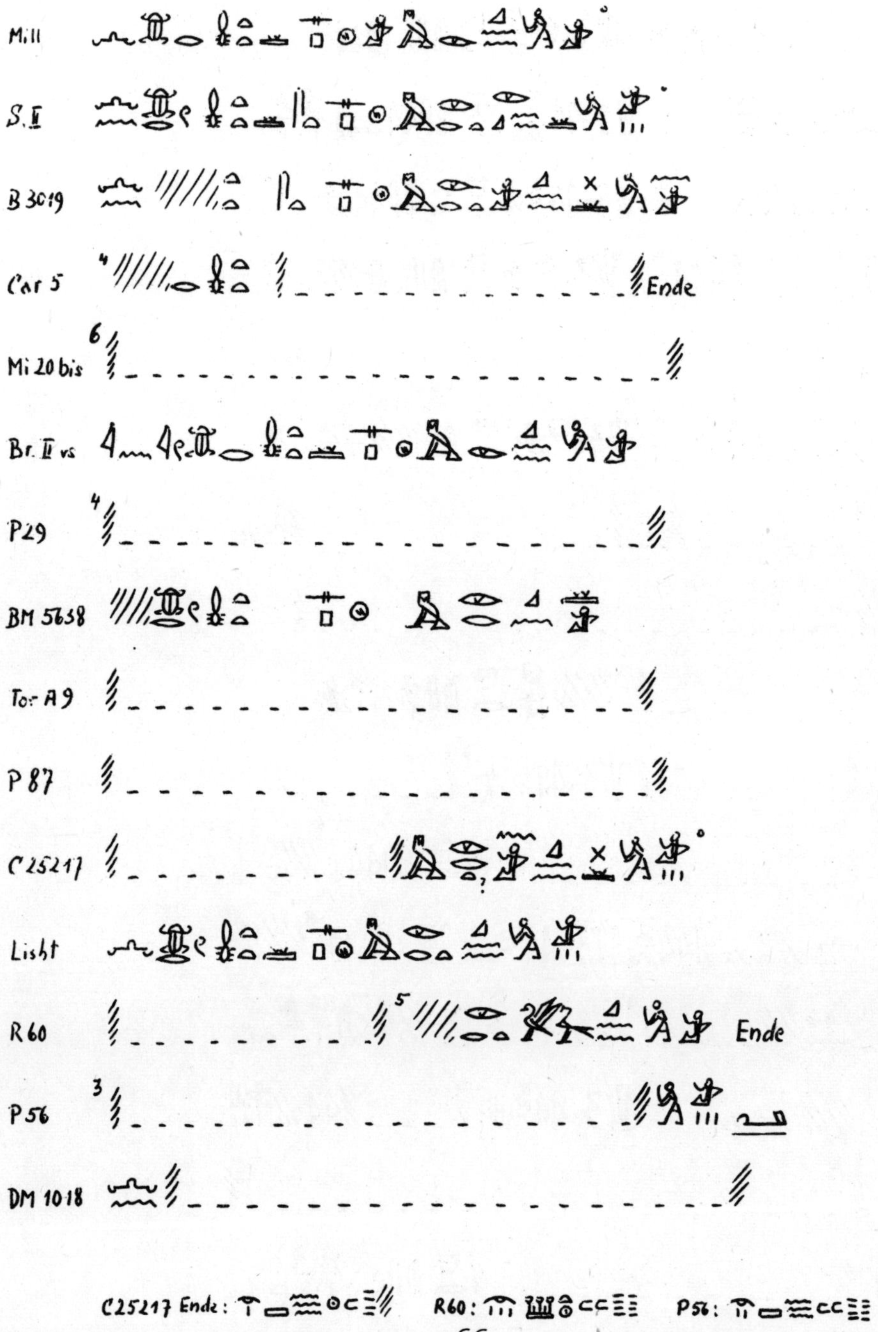
Mi II
S.II
B 3019
Car 5
Ende
Mi 20 bis
Br. II vs
P 29
BM 5638
Tor A 9
P 87
C 25217
Lisht
R 60
Ende
P 56
DM 1018
C25217 Ende:
R60:
P56:

9. Abschnitt

Zum Text:

c) wbꜣ nur in Mill. und BM 5638; sonst, wo erhalten, in ḫbꜣ umgeändert, auch bereits in Br.II. Es liegt also damit eine frühe Variante vor.
mw wurde in den späteren Texten zu im.j verhört.
ꜥdd wurde entweder in ꜥdd.tw verändert, oder das Determinativ 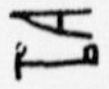 wurde z.T. durch  ersetzt.

d) Einige späte Zeugnisse nehmen diesen Satz weiter als Frage und fügen jn jw (B 3019 nur jn) hinzu.
śwḫꜣ in Mill., B 3019 und C 25217 erhalten; Br.II zeigt wḫꜣ, sonst śḫꜣ. Nach śwḫꜣ.tw fügen B 3019 und C 25217 ein jm.j ein.

e) jjj.t fehlt in Sall. II, B 3019 und R 60.

f) Br. II nimmt auch diesen Satz als Frage. - m irrw in Br. II und Mill. wird in BM 5638 zu irrw, sonst zu m irr.t.

Übersetzung:

Hatten denn (je) Frauen Truppen aufgestellt?[a] Hatte man denn je Unruhestifter im Palast aufgezogen? Hatte man je dem Wasser freien Lauf gelassen,[b] das (dann) die Felder aufreißt,[c] und damit die kleinen Leute um ihre Tätigkeit betrogen? Nicht überkam [d] mich Unheil seit meiner Geburt und nicht gab es etwas Ähnliches wie mich [e] als einen, der tapfere Taten tat.

a) vgl. Gardiner, ÄZ 45, 75.

b) wörtl.: "das Wasser geöffnet".

c) so Gardiner, Mél. Masp. I 492: "cleaving the sod".

d) vgl. Posener, Litt. 76: "pris par surprise".

e) wörtl.: "wie mein Fall".

Xa

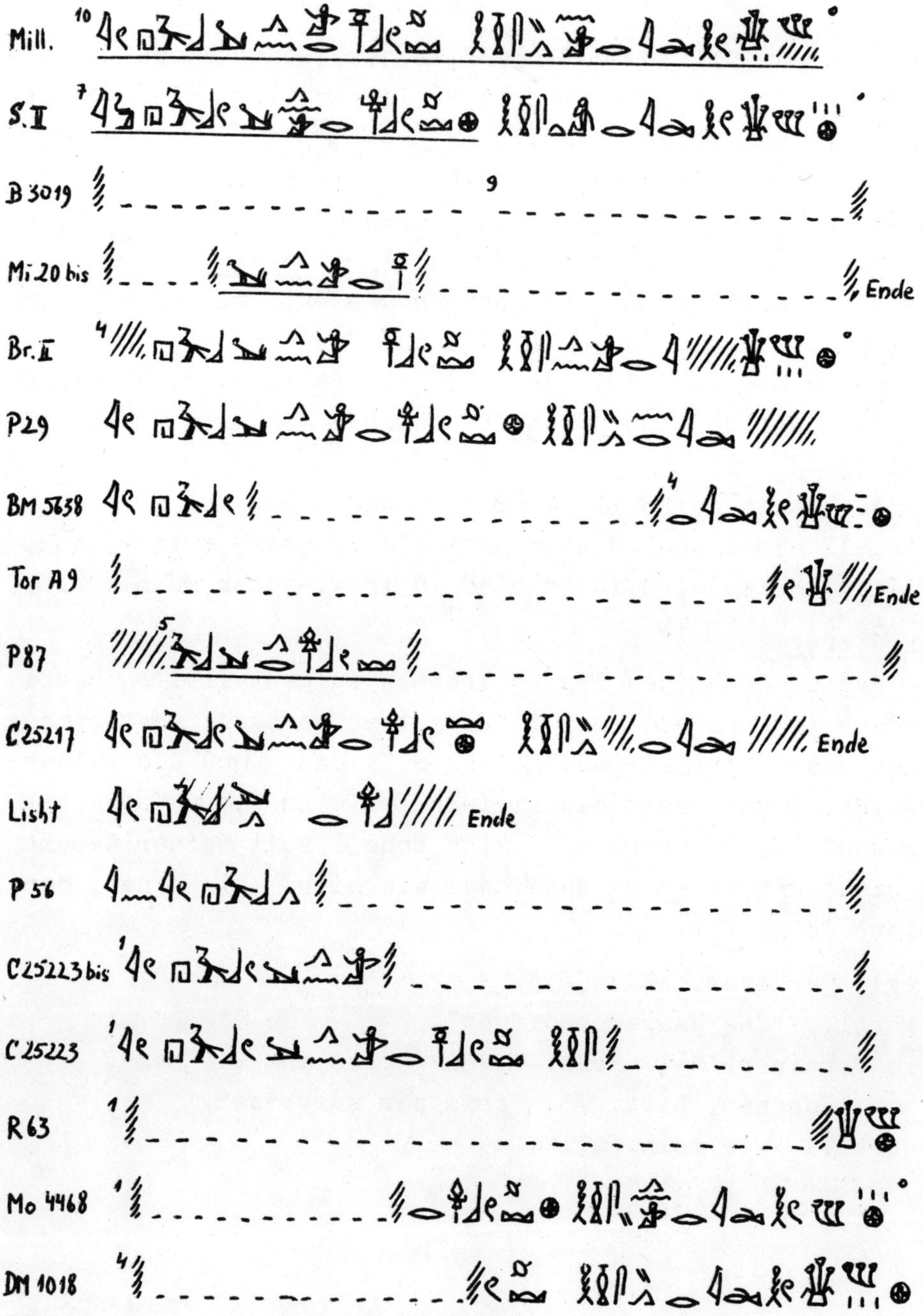
Mill. 10
S. II 7
B 3019 9
Mi 20 bis Ende
Br. II 4
P 29
BM 5638 4
Tor A 9 Ende
P 87 5
C 25217 Ende
Lisht Ende
P 56
C 25223 bis 1
C 25223 1
R 63 1
Mo 4468 1
DM 1018 4

Xb

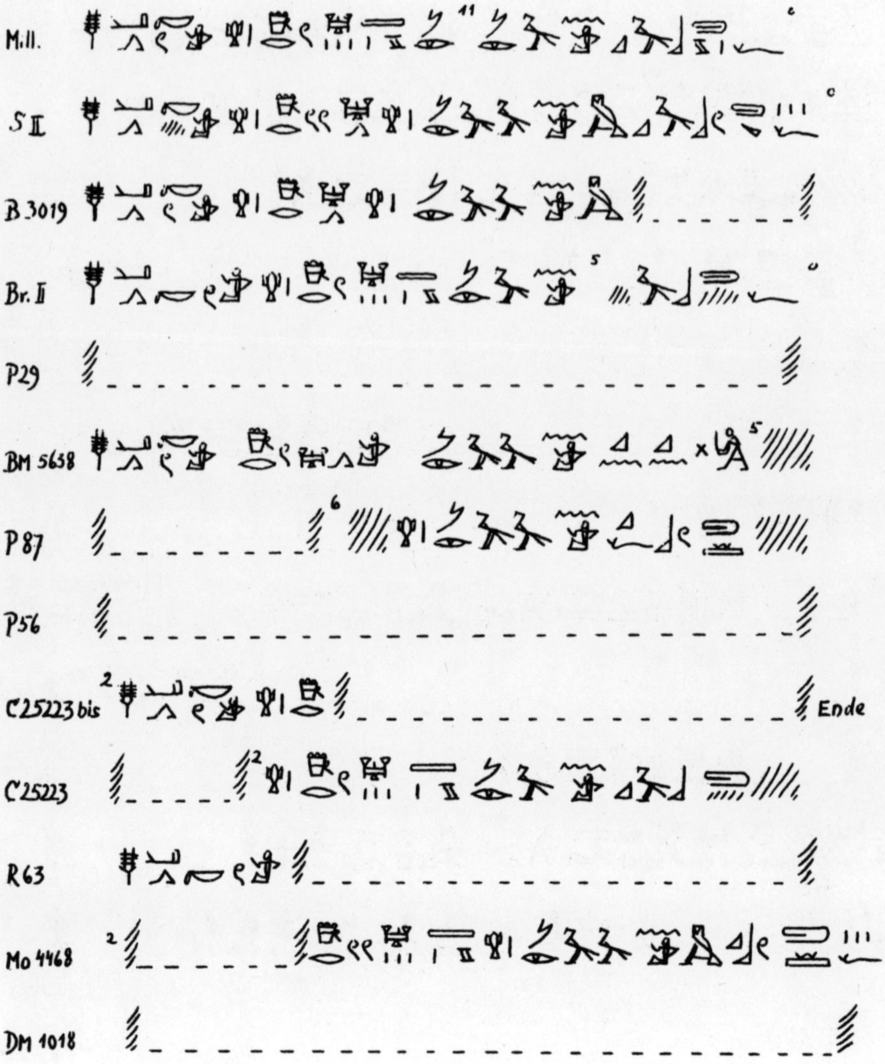
M.II.
S II
B 3019
Br. II
P29
BM 5658
P 87
P56
C25223 bis
Ende
C25223
R63
Mo 4468
DM 1018

Xc

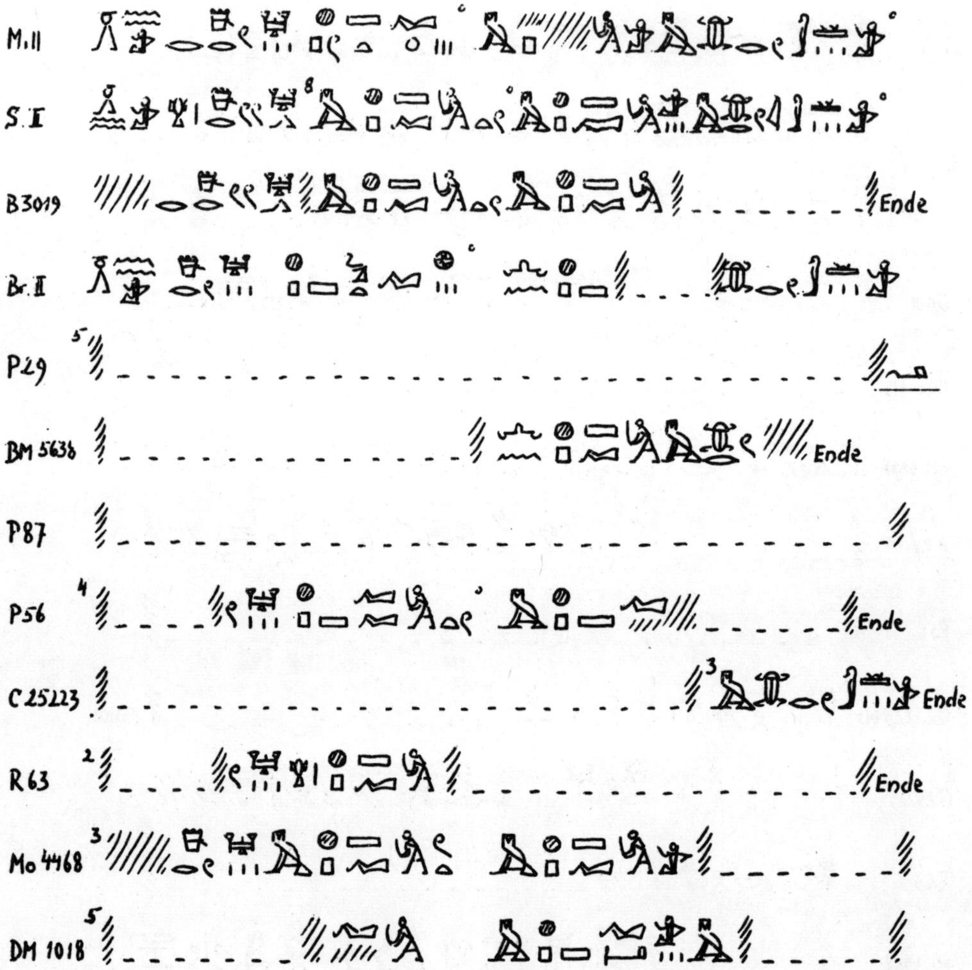
M.II
S.I
B3019
Ende
Br.II
P29
BM5638
Ende
P87
P56
Ende
C25223
Ende
R63
Ende
Mo4468
DM1018

10. Abschnitt

Zum Text:

a) Sall. II hat 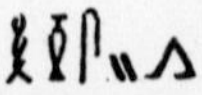 zu 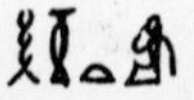 mißverstanden.

b) Sall. II, B 3019, BM 5638 Ausfall des  ; Eindringen eines überzähligen ḥr in Sall.II, B 3019, P 87, Mo 4468. BM 5638 hat vor ḏrww das ḥr ausfallen lassen und qꜣb.f in gngn.(f) mißverstanden.

c) ḫpš "Sternbild des Großen Bären" ist bereits früh mißverstanden worden, daher schon Mill. und Br. II ḫpš(w)t. Jedoch lassen die Determinative ○ (Mill.) und ⊕ (Br. II) noch die ursprüngliche Bedeutung erkennen. Die spätere Überlieferung hat in m ḫpšw (R 63 ḥr ḫpšw) umgedeutet.- Br. II hat wie BM 5638 im folgenden m ḫpš das  zu  verändert, was ein frühes Mißverständnis darstellt.

Übersetzung:

Ich zog nach Elephantine und kehrte um [a)] zum Delta. Nachdem ich auf den Grenzen der Welt gestanden hatte, [b)] besichtigte ich ihr Inneres. Ich erreichte die Grenzen des Großen Wagens [c)] mit meiner Kraft und meiner Wundermacht. [d)]

a) vgl. Gardiner, AEO I 159†, Posener, Litt. 76.

b) So mit Sethe, Dram. Texte 133 als symbolische Handlung, wie auch Gardiner, Mél.Masp. 493; anders Posener, Litt. 76 "ayant pris soin" nach de Buck, Symbolae van Oven 24 (ʿḥʿ ḥr "sich sorgen um ").

c) Das Determinativ der "Stadt" bei Br. II scheint mir auf ⊗ zurückzugehen (Mill. gibt einen einfachen Kreis). Daher scheint mir die Deutung als ḫpš "Großer Bär" nahe zu liegen. Gardiner, Mél. Masp. 493 f.:"frontierstrongholds". Ich verdanke die Deutung Herrn Dr. Altenmüller.

d) So Gardiner und Posener nach Griffith, ÄZ 34, 46 n. 4, mit Verweis auf kopt. ϣⲧⲏⲣⲉ.

XIa

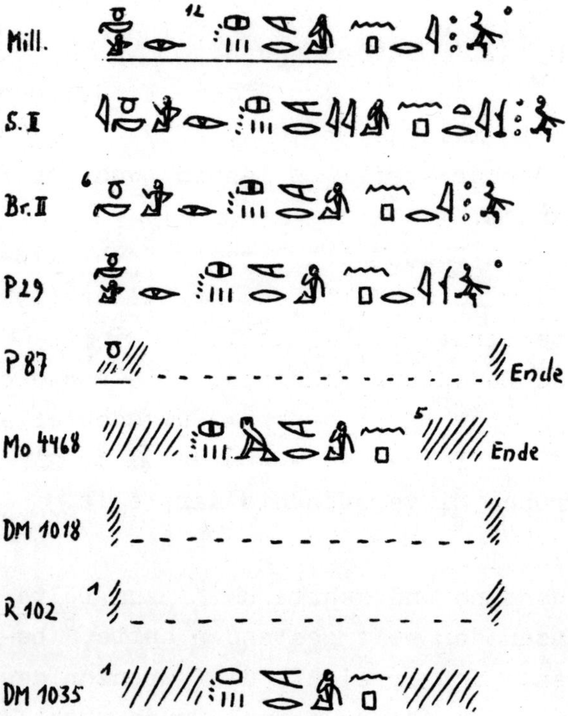

XIb

Mill.
S.II
Br.II
P29
DM 1018
DM 1035
R 102

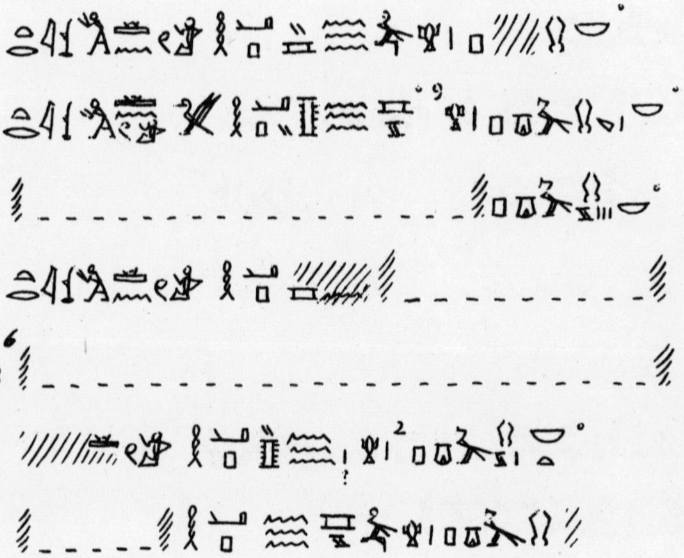

XIc

Mill.
S.II
Br.II
P29
DM 1018
DM 1035
R 102

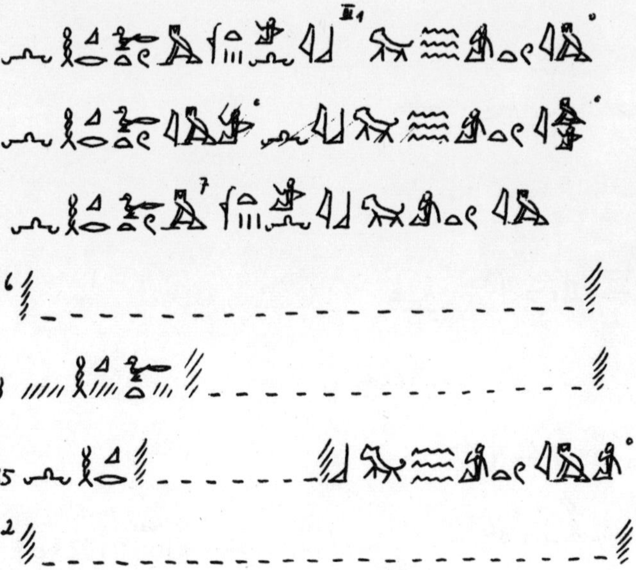

XId

Mill. 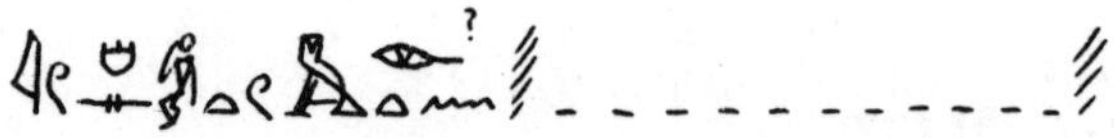

S.II 

Br.II 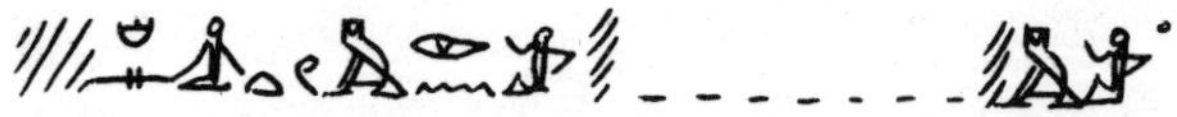

P29 

DM 1018 

DM 1035 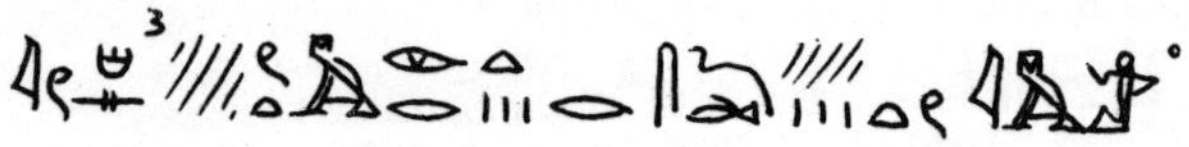

R 102 

XIe

Mill. 

S.II 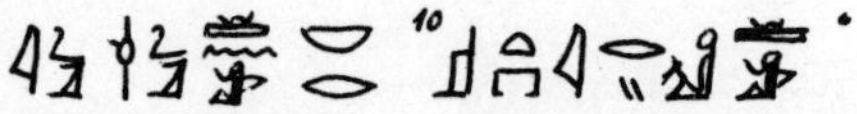

Br.II 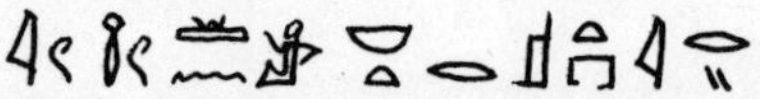

P29 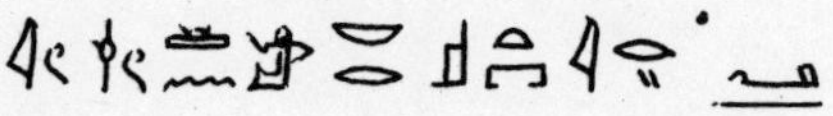

DM 1018  Ende

DM 1035 

R 102 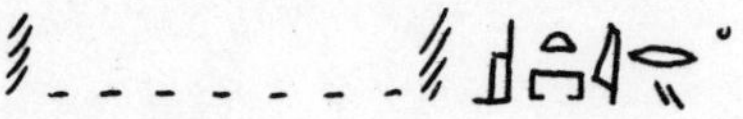

DM 1035: 

R 102 : 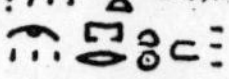

11. Abschnitt

Zum Text:

c) Später Fehler jm.j statt jm.

d) Hier beginnen die Lücken in Mill. An dieser Stelle wird der Text von Sall. II mit ḥr śḏd.t (statt r in DM 1035) dem Original am nächsten kommen. Wir dürfen den Text in Mill. also ergänzen: 

e) Mill. fehlt ganz, ist aber wohl nach Br.II zu ergänzen, allerdings eher mit der Relativform wḏ.t.nj, obwohl das "t" in den Varianten fehlt.
DM 1035 hat wohl fehlerhaft "m" statt "r" is.t jrj.

Übersetzung:

Ich bin es, der das Getreide schuf, ein Geliebter des Korngottes. Es verehrte mich der Nil an jeder Quellöffnung. Nicht hungerte man in meinen Jahren und nicht dürstete man darin, sondern man saß da dank dessen, was ich geschaffen hatte, und erzählte von mir. Alles, was ich befohlen hatte, war am richtigen Platz.

XIIa

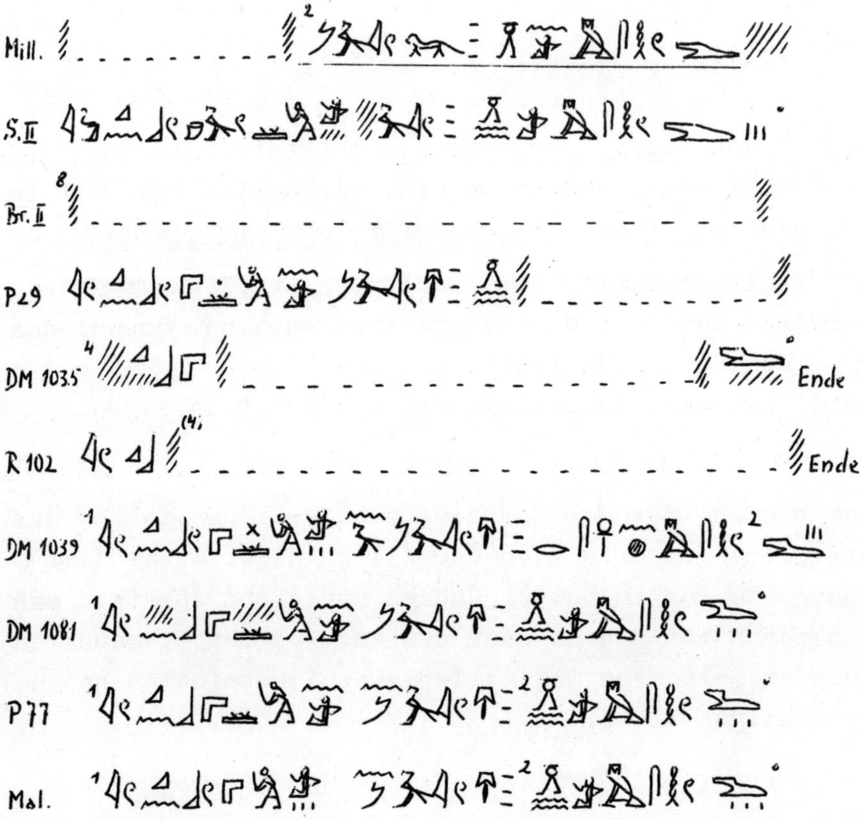
Mill.
2
S.II
8
Br.II
P29
4
DM 1035
Ende
(4)
R 102
Ende
1
DM 1039
2
1
DM 1081
1
P77
2
1
Mal.
2

XIIb

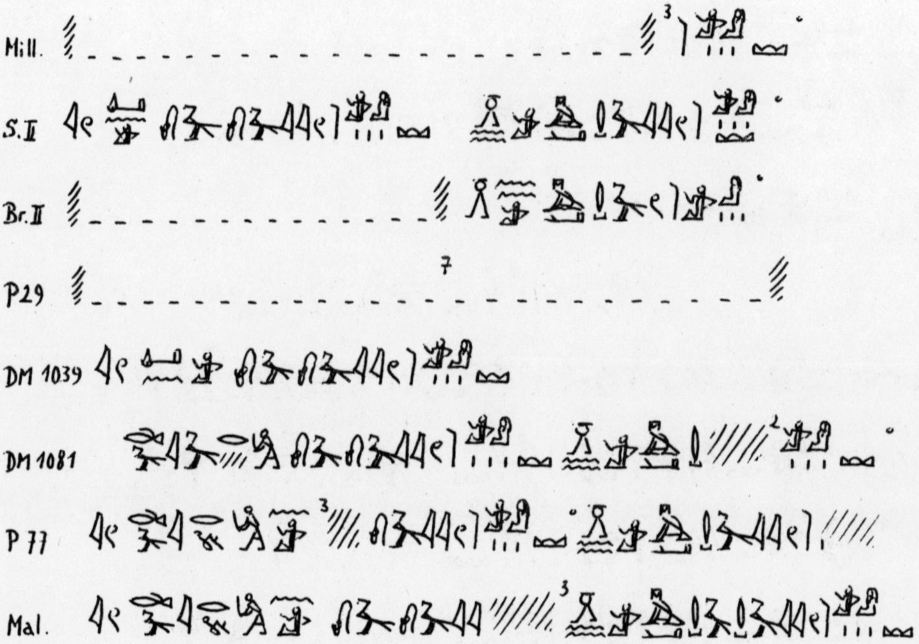

XIIc

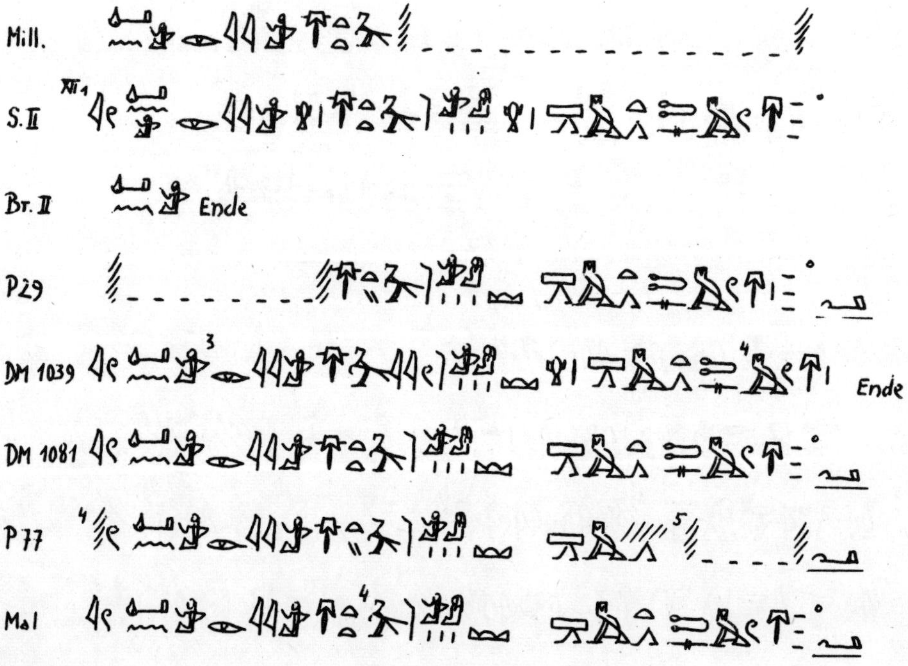

12. Abschnitt

Zum Text:

a) Mill. ist am Anfang wohl auch in der Schreibung wie in P 77 zu ergänzen.
Auffallend ist der Gedächtnisfehler r śꜥnḫ (DM 1039).

b) Das Verb dꜣj ist z.T. zu dj mißverstanden. Mill. dürfte zu ergänzen sein:

ohne das einleitende iw der meisten Var., vgl. den folgenden Satz, wo es trotz aller Parallelen in Mill.nicht vorhanden ist.

c) Das einleitende iw der späteren Zeugen ist fehlerhaft, ebenso das eingeschobene ḥr in Sall. II und DM 1039.

Übersetzung:

Ich bändigte die Löwen und fing Krokodile, ich bezwang die Leute von Wawat und fing die Madjoi. Ich ließ die Asiaten den Hundegang tun.[a]

a) vgl. Gardiner, Mél. Masp. I 490; 494 f.; Posener, Litt. 78; Faulkner, Griffith Stud. 72. Zu dem Inhalt und der überkreuzten Anordnung der angesprochenen Objekte (Löwen zu Madjoi, Krokodile zu Wawat) vgl. Malinine, BIFAO 34, 67 ff.

XIIIa

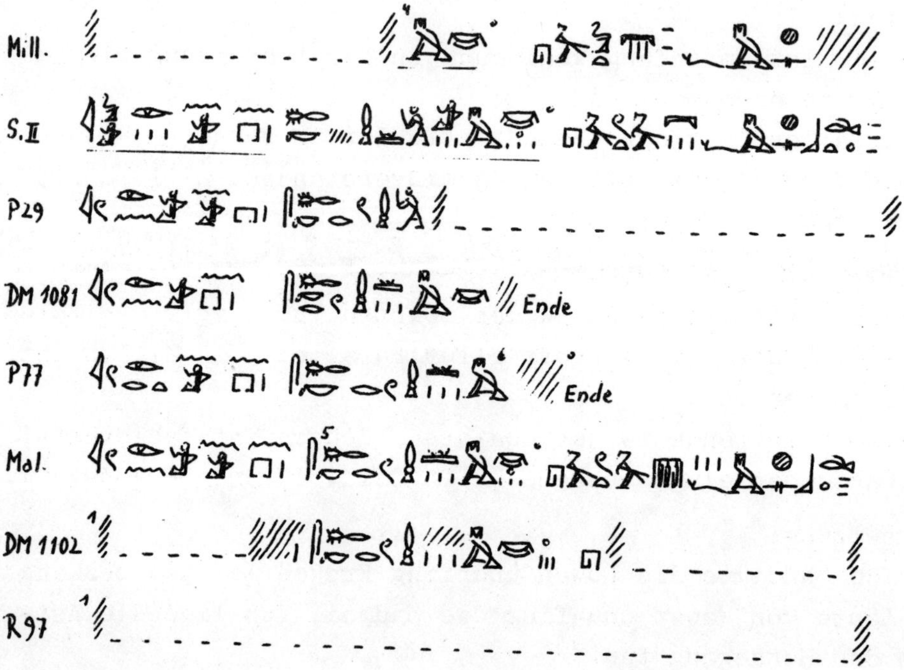

P77 Ende:

XIIIb

Mill. 

S.II 

P29 

Mal. 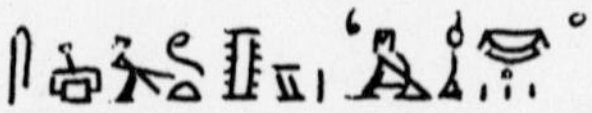 Ende

DM 1102 

R97 

XIIIc

Mill. 

S.II 

P29 

DM 1102 

R97 

XIIId

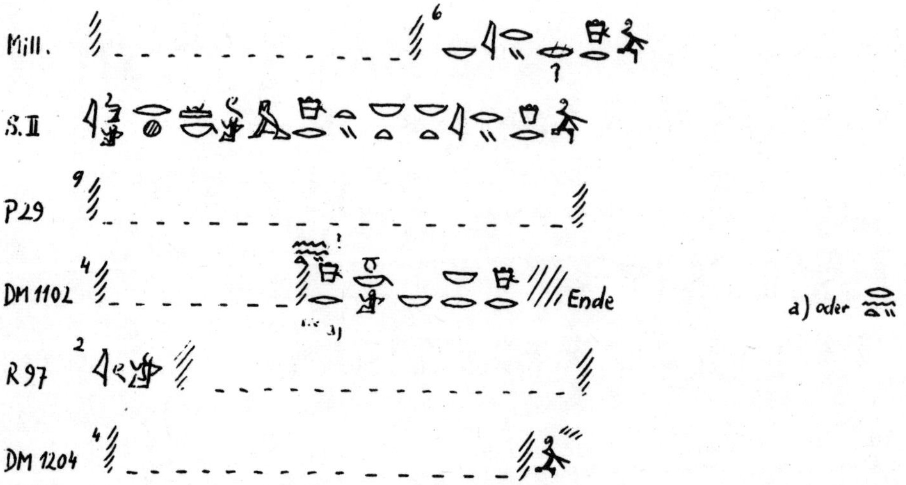

13. Abschnitt

Zum Text:

a) P 29 scheint die Urfassung am besten erhalten zu haben, die wir als Ergänzung für Mill. benutzen dürfen.

b) Als erstes Wort ist wie in Mal. 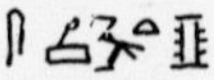 "Mauer" anzusetzen, während śꜣr.t in Sall. II Fehler ist. Es folgt m ḥḏ wie Mal., DM 1102. - Im 2. Teil des Satzes ist aus m mnhꜣj in DM 1102 und hꜣjj.t in Sall. II als Urfassung m nhꜣ (<nh.t) "aus Akazienholz" zu erschließen. Die Zeichenspur in P 29 vom Ende dieses Wortes () ist unklar. Es ist also in Mill. zu ergänzen:

c) ḥrj "vorbereiten" ist in ḥrj.t "Schrecken" mißverstanden worden, daher die Satzveränderungen. Die Ergänzung muß vorgenommen werden unter Heranziehen von P 29, soweit erhalten. Der Schluß des Satzes findet sich allein in Sall. II, so daß keine Kontrolle besteht. Als Ergänzung in Mill. ergibt sich mit Wahrscheinlichkeit:

d) Auch hier hat allein Sall. II den Satz vollständig erhalten, wenn auch in korrupter Form. Für den Mitteltteil des Satzes dürfte DM 1102 mit (m) ḏr jnk den ursprünglichen Text erhalten zu haben. Ich möchte also in Mill. ergänzen: 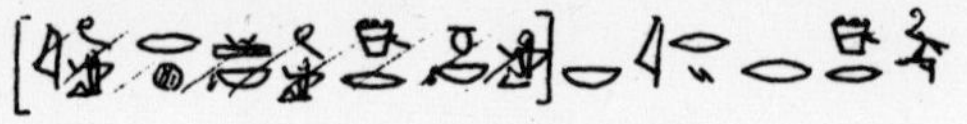

Übersetzung:

Ich baute mir ein Haus, ausgeschmückt mit Gold, seine Decke aus Lapislazuli, die Wand aus Silber, der Fußboden aus Akazienholz, die Tore aus Kupfer, die Riegel aus Bronze, geschaffen für die Ewigkeit und bereitet für die Unendlichkeit dadurch.[a] Ich weiß es, denn ich war des ganzen (Hauses) [b] Herr.

a) Die Partizipien beziehen sich auf pr; falls ḥr.śt alt ist, bezieht es sich vielleicht auf die ganzen Materialien.

b) wörtl. "der Herr davon bis zum Ende"(näml. des Hauses).

XIVa

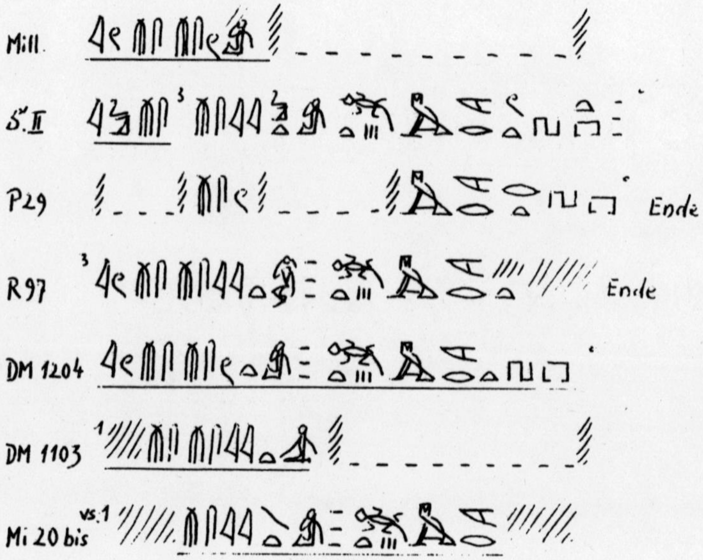

XIVb

Mill. 

S.II 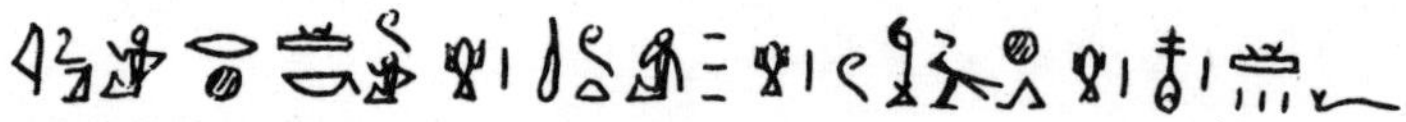

DM 1204 

DM 1103 

Mi 20 bis 

XIVc

Mill. 

S.I 

DM 1204 

DM 1103

Mi 20 bis

a) so Posener, oder ?

XIVd

Mill. 

S.II 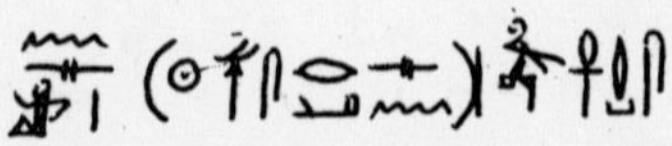

DM 1204 

DM 1103 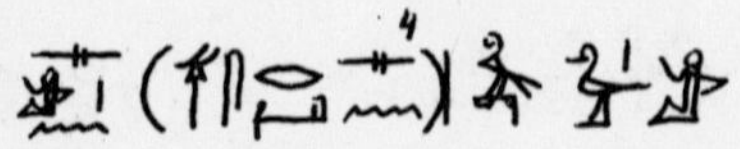

Mi 20 bis 

XIVe

Mill. 

S.II 

DM 1204 

DM 1103 

Mi 20 bis 

XIVf

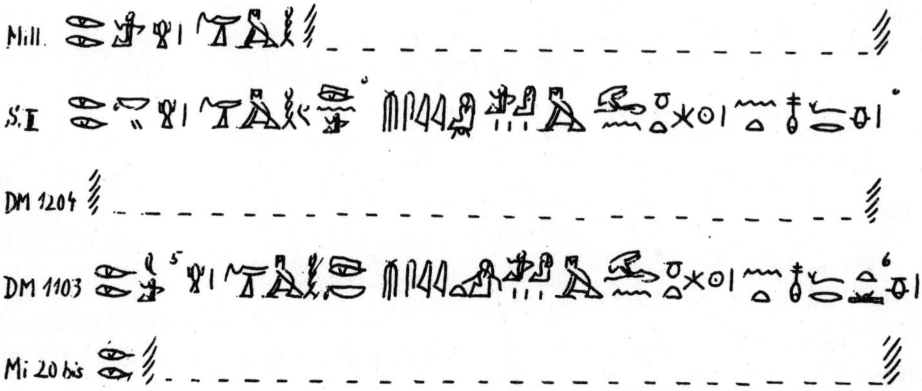
Mill.
S.I
DM 1204
DM 1103
Mi 20 bis

XIVg

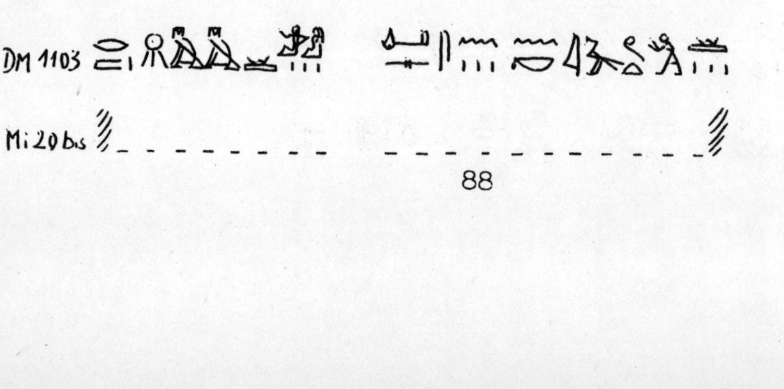
Mill.
S.II
DM 1204
DM 1103
Mi 20 bis

14. Abschnitt

Zum Text:

a) Hier scheint bereits in Mill. ein altes Verderbnis vorzuliegen, vgl. JEOL 19, 464 ff.; es ist mśd "Haß" zu lesen, beachte das Det.  und die Zitate in den Admonitions und der "Lehre eines Vaters":  ist in  verlesen worden. Das in Mill. nicht erhaltene Ende des Satzes ist in allen Varianten gleich und dürfte der Urfassung entsprechen.

b) Hier liegt ein wörtliches Zitat vor, das mit dem in den Admonitions übereinstimmt und danach in Mill. zu ergänzen ist: 

DM 1103 hat die Urform fast erhalten, abgesehen von dem eingeschobenen "r" vor wḥ3, das dazu das gewöhnlichere Det.  vom häufigeren Wort "suchen" statt  erhalten hat. Das "f" bei m bj3 findet sich auch bei Adm., dürfte aber unrichtig sein. In Sall. II wurde bj3 in nfrw verlesen.

c) Im zweiten Teil des Satzes trennt sich unser Text vom Zitat in Adm.

d) Die Anrede "Sesostris, mein Sohn", ist nur in Sall.II und in DM 1103 erhalten; dabei ist durch das Aussprechen des Königsnamens das 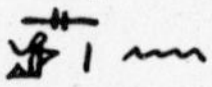 fälschlich vor die Kartusche getreten. "Mein Sohn" fehlt in Sall. II, ist aber wohl als ursprünglich anzusetzen. Im Urtext stand danach:

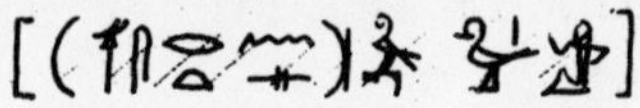

e) Der erste Teil des Satzes ist allgemein als rd.wj ḥr šm.t erhalten und dürfte auch in Mill. so gelautet haben. -- Das erste Wort des zweiten Satzes, hinter dem in Mill. der Text wieder beginnt, wird unter Berücksichtigung von Sall. II  gelautet haben, woraus in DM 1103 und Mi. 20bis über die neuägyptische Form  das Verb  (in der Form ) geworden ist.

f) Sall.II hat die Pronominalsuffixe vertauscht, wie Mill. und DM 1103 zeigen. Der zweite Satzteil fehlt in Mill., dürfte aber nach Sall. II und DM 1103 etwa in der Form  zu ergänzen sein.

g) Ergänzung von Mill. ist nach DM 1103 vorzunehmen:

<u>Übersetzung</u>:

Jedoch ist viel Haß auf der Straße. Der Wissende bejaht, der Unwissende verneint es, weil er es nicht weiß, ohne deinen Anblick.[a)]
Sesostris, mein Sohn! Obwohl meine Füße weggehen, gehört doch dir allein mein Herz, seit meine Augen dich gesehen haben, geboren in einer glückhaften Stunde in Gegenwart der Himmlichen, die dich verehrten.

a) Adm. hat ʿn m ḥr.f (6,13/4), was wegen des Determinativs 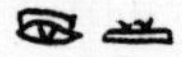 von Wilson, ANET 442 mit "it is fair in the sight of him ...." übersetzt wird. Volten, Polit. Schr. 120 jedoch ändert wegen unserer Stelle zu 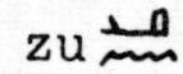 "verdreht im Kopf" und ergänzt daher in Mill. 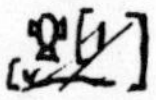 . Sall.II und DM 1103 schreiben aber ḥr.k, was ich beibehalten möchte. šw m bedeutet "ohne etwas sein" (Wb IV 426,16), ḥr auch das "Sehen" eines Menschen. Wahrscheinlich ist also das Zitat jn jw mś....m bjꜣ auf den König bezogen, der als unwissend hingestellt wird, weil ihm im Palast der Sohn nicht von "draußen" berichten konnte.

XVa

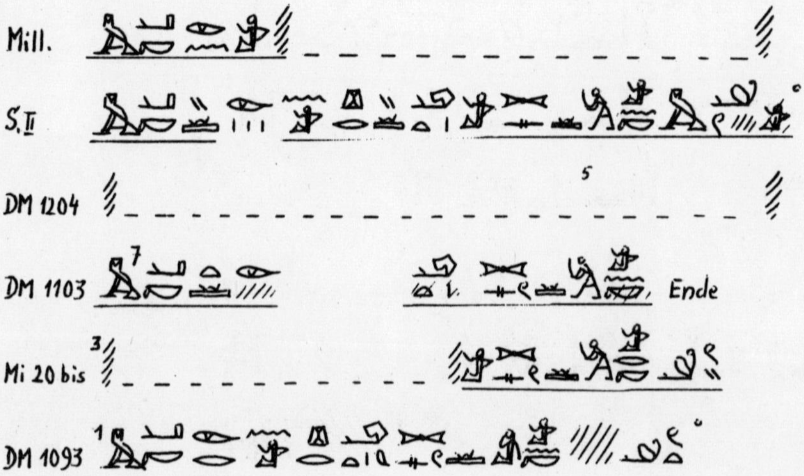
Mill.
S.II
DM 1204
5
DM 1103
7
Ende
Mi 20 bis
3
DM 1093
1

XVb

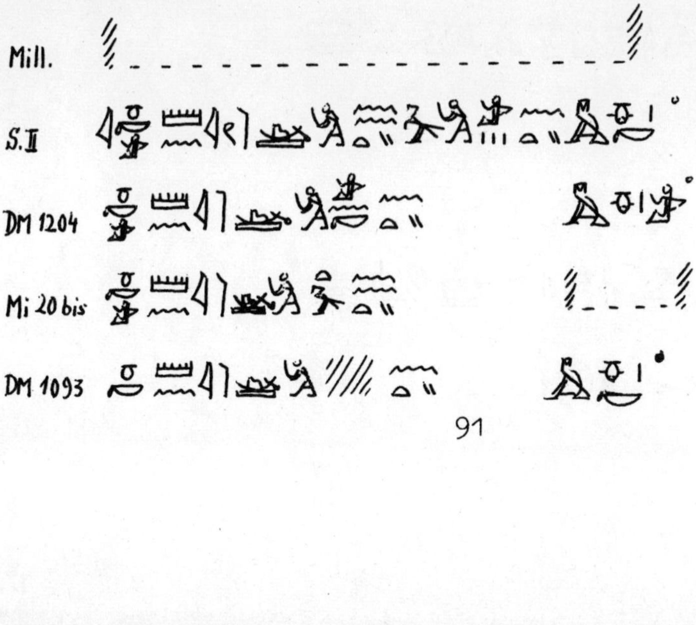
Mill.
S.II
DM 1204
Mi 20 bis
DM 1093

XVc

Mill.
S.II
DM 1204
Mi 20 bis
DM 1093
Mi 77

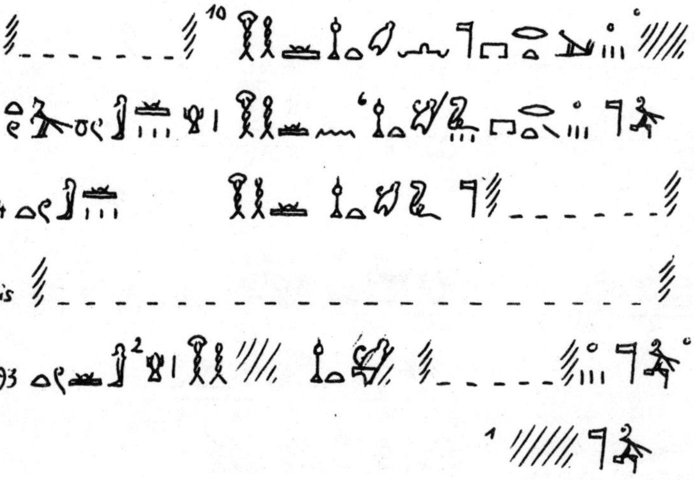

XVd

Mill.
S.II
DM 1204
Mi 20 bis
DM 1093
Mi 77

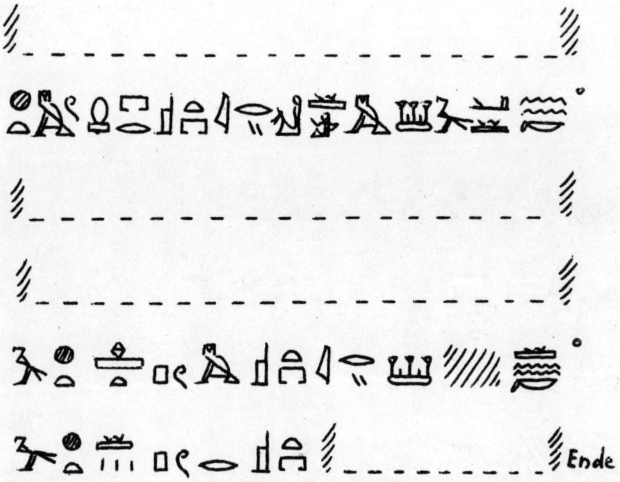

XVe

Mill. 

S.I 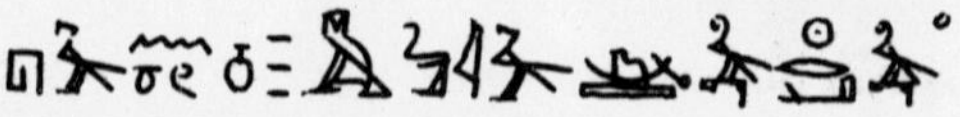

DM 1204 

Mi 20 bis 

DM 1093 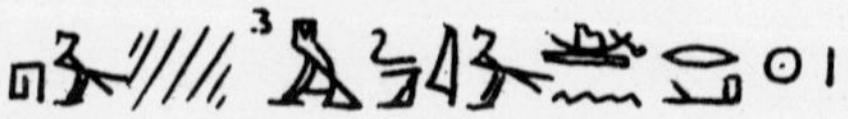

XVf

Mill. 

S.II 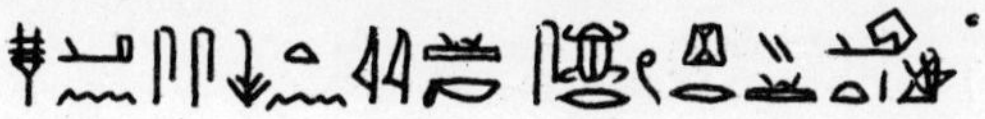

DM 1204 

Mi 20 bis 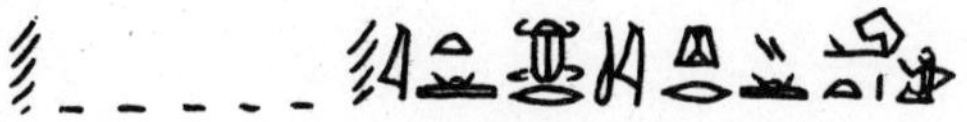

DM 1093 

XVg

Mill.

S.II

DM 1204

Mi 20 bis

DM 1093

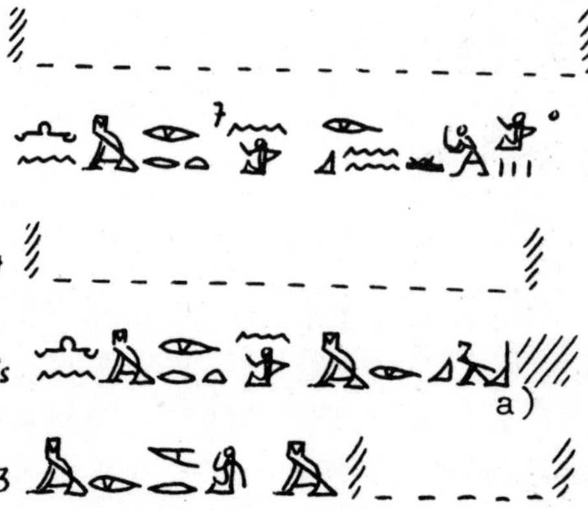

a) so Publ.; lies eher: 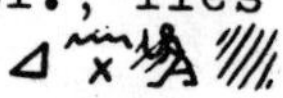

XVh

Mill.

S.II

DM 1204

Mi 20 bis

DM 1093

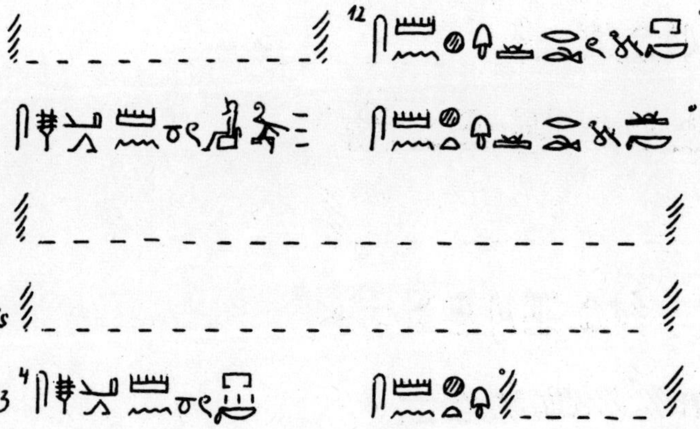

XVi

Mill. 

S.II 

DM 1204 

Mi 20 bis 

DM 1093 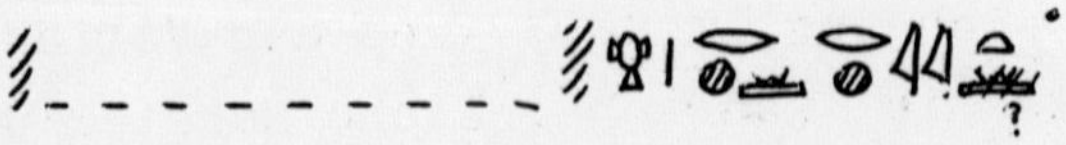

XVj

Mill. 

S.II 

DM 1204 

Mi 20 bis 

DM 1093 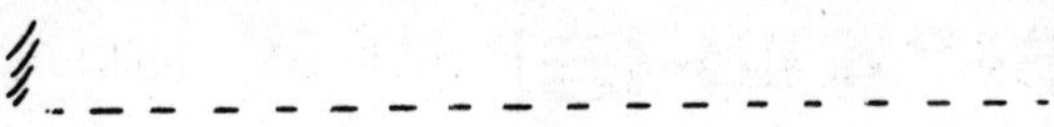

15. Abschnitt

Zum Text:

a) In Sall. II ist wie in Abschnitt 13 irj nicht rot geschrieben, sicher wegen des "bösen Auges". -Sall.II und DM 1093 haben wohl ẖrj-ḥꜣ.t aus  "Vordertau" entwikkelt, das in Parallele zu 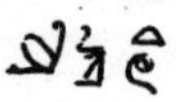 steht. Es ist auch mit Sall. II irj.j n.k zu ergänzen, wobei aber Sall. II die häufige Vertauschung der Personalpronomina zeigt. Mill. ist also zu ergänzen: 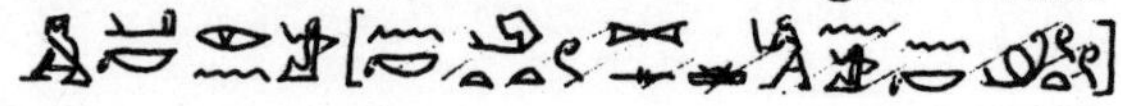

b) Auch hier ergibt sich aus DM 1093 und den Varianten DM 1204 und Mi 20 bis die wahrscheinliche Herstellung des Urtextes und damit von Mill.:  wobei DM 1093 und Sall.II mit ib.k statt ib.j sicher im Unrecht sind. Daher kann wohl auch das nur in DM 1204 erhaltene n.k übernommen werden, das in Mi 20 bis wie in Sall. II zu Umdeutungen Anlaß gegeben hat.

c) Das erste Wort ist in den Varianten sicher Mißverständnis für das alte dreiradikalische Pronomen ṯwt, was gut dazu paßt, daß hier im vorhergehenden Satz jnk in gleicher Konstruktion gebraucht wird. Es ist also in Mill. zu ergänzen: 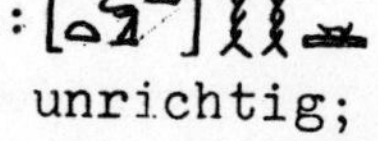 ... Das "ḥr" in Sall. II sowie in DM 1093 ist unrichtig; DM 1204 hat es nicht. Fälschlich haben Sall. II und DM 1204 gegenüber Mill. das Genetiv-"n" (Mill.: ) zwischen ḥḏ.t und pr.t-nṯr ausgeschieden.

d) Hier ist Sall. II besser als DM 1093 und Mi 77, da er das ḫtmw "Siegel" noch erhalten hat, was die beiden anderen Quellen zu jḫ.t-(ḫtpw) verderbt haben. Ergänzung Mill.: 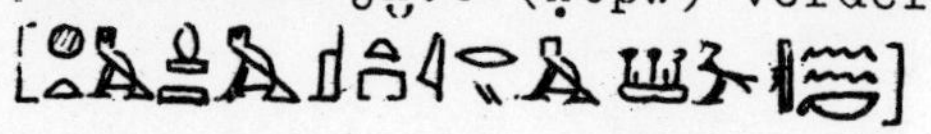 mit šꜣ statt šꜣꜥ.

e) Der Urtext ist in den vorhandenen Quellen wohl unverderbt überliefert, wenn auch in Mill. 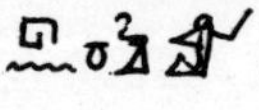 geschrieben gewesen sein dürfte.

f) In Sall. II ein Verhören: ꜥḥꜥ.n nsjj.t zu ꜥḥꜥ.nsjj.t.

Mi 20 bis scheint mit ḫpr.tj den Ausgangstext erhalten zu haben; ebenso DM 1093 mit ḫr-ḥꜣ.t (ohne  bei Mi 20 bis und Sall. II). Ergänze Mill.: 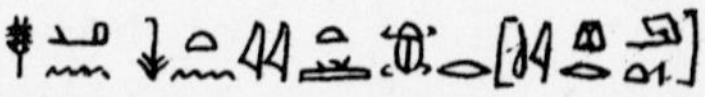

g) Das nur in Sall. II vollständig erhaltene Textstück ist schwer auf den Urtext zurückzuführen. Deutlich ist, daß ein verneinter Imperativ vorliegt (); das , in Mi 20 bis und Sall. II davorgeschrieben, ist sekundär. Wir dürfen DM 1093 folgen, das m irw hat; m irr.t.nj in Mi 20 bis und Sall. II ist sicher falsch. Es ist aber die Frage, ob das in DM 1093 folgende 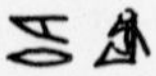 einen richtigen Hinweis liefert; ich möchte das annehmen und zu 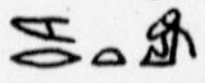 "Beliebtheit" emendieren.

Nach DM 1093 und Mi 20 bis gegen Sall.II könnte ein weiterer verneinter Imperativ gefolgt sein, wobei nur offen bleibt, ob wir in M 20 bis nicht gegen die Publikation 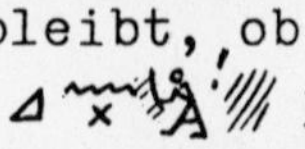 lesen müssen ähnlich Sall.II. Darin möchte ich aber nicht qn "stark", sondern qn "Böses" (Wb V. 48,2) erkennen im Gegensatz zum vorausgehenden Begriff mrw.t; ergänze also in Mill.: 

h) In Mill. ist der erste Satzteil wie DM 1093 zu ergänzen.

i) Sall. II gibt allein den ganzen Satz. Das einleitende ʿḥꜣ.k(wj) muß aber wohl in ʿḥꜣ ṯw "hüte dich" emendiert werden. Das Satzende hat DM 1093 fast richtig erhalten, nur ist rḫjj.t anders zu determinieren. So möchte ich in Mill. ergänzen: 

j) Nur in Sall. II und teilweise in DM 1093 erhalten. Volten ändert sicher richtig mrj.nf von Sall. II zu mrj.nj (häufige Veränderung der Pronomina). Ebenso hat DM 1093 mit ḥm.k gegen ḥm.f in Sall. II recht. Für św darf wohl ś.t, bezogen auf rḫjj.t, eingesetzt werden. Ich möchte in Mill. ergänzen: 

Übersetzung:

Siehe, ich schuf dir das Vordertau und knüpfte dir das Hintertau[a]. Ich habe dir das, was in meinem Herzen ist, übergeben,[b] du aber setzest nun die Weiße Krone des Göttersprößlings auf, und das Siegel ist an seinem Platz als eins, das ich dir zugewiesen[c] habe, indem Jubel im Schiff des Re war. So entstand das Königtum (wieder) im uranfänglichen Zustand[d].

Tue nicht Gutes[e] und tue nicht Böses[f], sondern errichte deine Festungen und stelle deine festen Gebäude wieder her und hüte dich vor Bekanntschaft mit den Menschen, weil ich nicht wünsche, daß sie in der Umgebung deiner Majestät seien.[g]

a) vgl. Posener, Litt. 83; Brunner in Äg. Stud. 7: Gemeint sind Vergangenheit und Zukunft.

b) mnj "schenken" (Wb II 74,15), nicht mit Brunner, a.a.O. "Landepflock".

c) Das Verb ist nur in Sall.II vollständig erhalten, wo zu š3 "bestimmen" emendiert werden muß; es kann nicht, wie es Brunner a.a.O. 8 tut, zum folgenden Satz gezogen werden.

d) Posener, Litt. 83 übernimmt von Volten, Zwei altägypt. pol. Schriften 123/4 ʿḥʿ als Imperativ: "Elève-toi pour la royauté"; anders Gunn, Studies 148; Wilson, ANET 419 "because the kingship, which came into being formerly, (still) stands".

e) Posener, a.a.O. benutzt Sall.II: "et non pour celle que j'avais faite" -auf das Königtum bezogen. Doch ist eher DeM 1093 mit mr(w.t) zu folgen.

f) Gemeint ist 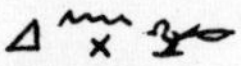 "Böses", während Volten und Wilson an qn "tapfer" denken: "Sei ein Tapferer" (Volten); "through him who acts lovingly (:DeM 1093!), through him who acts valiantly".

g) Wilson: "because he will not love himself..."

Zur Textkritik

Bei der "Lehre des Amenemhet" sind wir, was die Textgestaltung angeht, in einer viel besseren Lage als in anderen Fällen literarischer Texte, da wir neben den ramessidischen Schülerniederschriften auch Quellen der 18. Dynastie besitzen. Wo diese aber fehlen, müssen wir versuchen, den Urtext aus späteren Quellen zu erschließen. Vorher jedoch müssen wir uns über den Wert dieser Texte klarwerden. Dabei ist davon auszugehen, daß wir zwei Gruppen von Texten vor uns haben:

1. Abschriften auf Papyri und Holztafeln, bei denen ältere Texte kopiert worden sind. Sie sind auch später erneut abgeschrieben worden.
2. Ostraka, bei denen es sich um Schülerübungen handelt. In einigen Fällen, etwa bei größeren Ostraka, waren es Kopien, die zur Schrifterlernung abgefaßt wurden. Hierzu gehört etwa Mi 50, wo der Schüler an Hand des Textes in senkrechten Zeilen mit Kursivhieroglyphen schreiben lernte.In der Hauptsache aber sind es Gedächtnisniederschriften, durch die der Schüler seine Kenntnis eines oder mehrer Abschnitte zeigen sollte. Häufig wird noch die Anfangszeile des folgenden Abschnitts mitgeschrieben. Die Texte auf diesen Ostraka sind nicht wieder abgeschrieben worden.

Hieraus folgt, daß

a. Papyri- und Holztafelabschriften für die Tradierung des Textes wichtig sind, und daß sie nur die Fehler enthalten, die beim Abschreiben entstehen können.

b. Ostraka am Ende einer Traditionskette stehen und in dem häufigsten Fall, wo sie Gedächtnisniederschriften sind, eine große Anzahl individueller Fehler enthalten, wie:
   1. Fehlerhaftes Einfügen von ḥr vor Verben
   2. Falsche Pronomina

3. Einfügen des neuägyptischen Artikels.

4. Fehlinterpretation eines Wortes, etwa durch gleichen Klang ( für ).

5. Falsche Worte in Erinnerungslücken (XIIa: DeM 1039; Xb : BM 5638; VIIe: Mi 50; auch VIc : B 3019 und Mi 23).

6. Fehlschreibung  für  .

Wir dürfen daher nur mit Vorsicht von diesen Ostraka, soweit sie aus dem Gedächtnis niedergeschrieben wurden, auf die Textgestalt der Vorlage zurückschließen.

Auch muß mit Emendationen gerechnet werden, wie etwa in VIf bei R 59 und R 62, wo der Urtext sꜣ-tꜣ sekundär wiederhergestellt worden ist, ohne allerdings die alte Verhörung sj-tꜣ zu tilgen.

Wenden wir uns nun den Texten der 18. Dynastie zu. Sie sind in chronologischer Abfolge:

1. Die Holztafeln Brooklyn I und II z.Z. Amenophis' I.
2. Die Ostraka 142-145 bei Hayes, Ostraca and Name Stones z.Z. der Hatschepsut
3. Der Papyrus Millingen z.Z. Amenophis' II.
4. Die Holztafel Carnarvon 5 z.Z. Thutmosis' IV.

Bei einem Vergleich dieser Texte zeigt es sich, daß sie bereits eine Aufsplitterung der Tradition in verschiedene Stränge anzeigen:

a. In IVb steht Sn 144 mit ḥr.ś gegen Br. und Mill. mit jm.
b. In IXc schreiben Car.5 und Mill. wbꜣ gegen Br.II ḫbꜣ.
c. In IXd führt Car. 5 den Satz mit jn ein, während Mill. und Br.II keine Einleitungspartikel haben.
d. An gleicher Stelle schreibt Mill. śwḫꜣ, Br.II wḫꜣ (Car. 5 fehlt).
e. In IXe gibt Mill. nach ijj.t noch das Determinativ 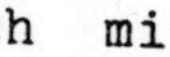 , das in Br.II fehlt.
f. In IXf leitet Mill. den Satz mit , Br.II jedoch mit jn jw ein.

g. In IIIb fehlt bei Mill. vor mr.t das "m", das Br.II hat.

Aus diesem Katalog zeigt sich, daß Mill. nicht unmittelbar vom älteren Text Br.II abstammen kann; beide müssen aus einer gemeinsamen Quelle abgeleitet werden. Aber auch Sn 144 geht auf einen Text zurück, der einen selbständigen von Mill. und Br. unabhängigen Überlieferungsstrang darstellt. Car.5 geht mit Sn 144 zusammen und dürfte von dessen Vorlage abzuleiten sein. Damit ergibt sich folgender Stammbaum:

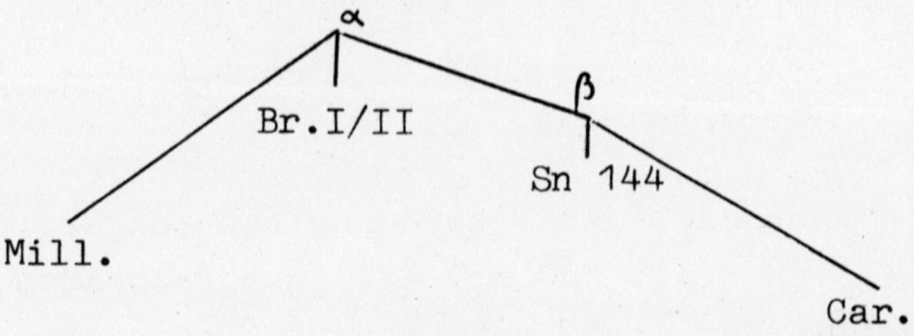

Betrachten wir die Texte der Ramessidenzeit, so lassen sich zunächst Verknüpfungen zwischen Sn 144 und Car. 5 mit einigen späteren Texten zeigen; diese haben wieder sekundäre Eigenheiten, die sie mit anderen Quellen verbinden:

a. In IVb: Sn 144 und Sall.I/II ḥr.ś gegen Mill., Br.I und mehrere Ostraka mit jm.
b. In IXd haben B 3019, Sall.II, R 60, Car.5, C 25217 und Lisht jn jw, BM 5638 jw, gegen Mill., Br.II, P 29, P 56 und P 87 ohne Einleitung.

Daraus möchte ich folgern, daß

1. nicht nur Car.5, sondern auch C 25217 und Lisht entwicklungsgeschichtlich älter sind als B 3019, Sall. II und R 60;
2. sich hier schon die Möglichkeit abzeichnet, daß die R-Ostraka zu einer anderen Gruppe als die DeM-Ostraka gehören (zu denen auch die meisten P-, G- und Mi-Ostraka zu rechnen sind).

c. In Xb fehlt in B 3019, Sall.II, BM 5638 gegen Mill.,

C 25223 und Mo 4468.

Aus diesen Leitfehlern ergibt sich folgender Strang:

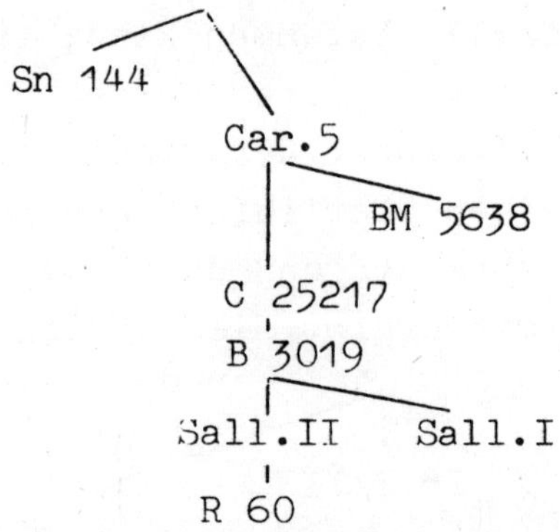

Die Tatsache, daß Besonderheiten von Car.5 und Sn 144, die sie von Mill. und Br. I/II unterscheiden, weiterüberliefert worden sind, untermauert unsere oben aufgestellte Behauptung, daß Sn 144 und Car.5 enger zusammengehören und einen eigenen Überlieferungsstrang darstellen.

Gegenüber diesem Strang zeigt sich etwa in XIIb, XIVb,c und e, XV g,h,i,j, daß eine Anzahl Ostraka (DeM 1093, DeM 1103, DeM 1081, Mi 20bis, P 77, Mal.) zu einer anderen Tradition gehören; nach XIIIb gehört auch DeM 1102 dazu. Dazu dürfen wir mit Wahrscheinlichkeit auch die große Masse der anderen Ostraka rechnen, ohne es in diesem Fall nachweisen zu können. Ihr Text geht auf eine Quelle zurück, die zwischen Mill. und Br.I/II gestanden hat, da die Ostraka dort, wo Mill. und Br.I/II zusammengehen, sich nach diesen, und nicht nach Sn 144 oder Car.5 richten (IVb, IXd), dort aber wo Mill. und Br.I/II sich unterscheiden, einmal den Wortlaut von Mill., ein anderes Mal jedoch den von Br.I/II haben:

a. IXd nach Mill. śwḫꜣ und nicht wḫꜣ nach Br.
b. IXf nach Mill. nn und nicht jn jw nach Br.
c. IIIb nach Br. m mr.t und nicht mr.t nach Mill.
d. IXc nach Br. ḫbꜣ und nicht wbꜣ nach Mill.

Hier fehlt auch gegen Mill. mit Br. das Determinativ bei ijj.t.

Das gegenseitige Verhältnis und etwaige Abhängigkeiten der Ostraka aus Deir el-Medineh lassen sich kaum feststellen, da es sich oft um kleine Fragmente handelt, sie ferner häufig aus dem ersten Teil des Textes stammen, wo selten Textverschiedenheiten auftreten, und endlich auch häufig mit individuellen Fehlern zu rechnen ist, die nicht in der Vorlage gestanden haben, aus der der Schreiber seinen Text gelernt hatte. Immerhin läßt sich aus XVa entnehmen, daß DeM 1103 besser ist als DeM 1093, oder aus XVd, daß DeM 1093 wieder besser ist als Mi 77. DeM 1092 ist als besonders schlecht anzusehen.

Bei den kleinen Fragmenten scheint P 29 nach XIII pass. einen guten Text erhalten zu haben wie auch DeM 1204 nach XVb/c. An XIIb zeigt sich, daß DeM 1081 einen besseren Text hatte als P 77, Mal. und DeM 1093.

Durch das Vorhandensein von zwei Hauptüberlieferungssträngen ergibt es sich, daß wir bei einer Kontrolle durch die Texte der 18. Dynastie erkennen, daß in der Ramessidenzeit häufig Texte nebeneinanderstehen, die an verschiedenen Stellen verderbt sind bzw. den Urtext erhalten haben. Wenn Sall. II in XVd gegen DeM 1093 und Mi 77 den Urtext erhalten hat, so kann in XVh DeM 1093 wieder besser sein als Sall.II. Die Entwicklung der beiden Stränge gibt damit an manchen Stellen, wo Texte der 18. Dynastie fehlen, eine Möglichkeit, den Urtext mit etwas mehr Sicherheit zu erschließen, da dort, wo beispielsweise Sall.II als Zeuge des einen Strangs und ein DeM-Ostrakon übereinstimmen, es sehr wahrscheinlich ist, daß der Urtext vorliegt. Dort aber, wo beide Stränge verschiedenen Wortlaut zeigen, muß eine Einzeluntersuchung feststellen, welche Variante besser ist.

Dabei darf nicht außer acht gelassen werden, daß in den beiden Varianten ein korupter Text vorliegen kann. Das ist sogar in seltenen Fällen bei einer Textübereinstimmung möglich, indem entweder eine naheliegende Umdeutung überall vorgenommen worden ist, oder eine vor die 18. Dynastie zurückreichende Verderbnis vorliegt, wie etwa in XIVa mśw.t > mśḏ.

Die Texte der 18. Dynastie haben den Urtext weitgehend erhalten; wo sie schon Varianten zeigen, ist er sicher in der Weise herzustellen, daß dort, wo eine der drei Textgruppen (Mill., Br.I/II, Sn 144 + Car.5) gegen zwei andere alleinsteht, ihr Text als verändert anzusehen ist. Es ist also in IIIb m mr.t (gegen Mill.), in IXd śwḫꜣ (gegen Br.) und in IXc wbꜣ (gegen ḫbꜣ in Br.) anzusetzen.

Wir sehen also, wie sich aus der differenzierten Tradition der 18. Dynastie zwei Überlieferungen halten, von denen die eine, von Car.5 ausgehend, in den Senmut- Ostraka, den Papyri der Ramessidenzeit und in den Ramesseums-Ostraka, die andere in den Ostraka von Deir el-Medineh greifbar ist. In ramessidischer Zeit hatten also die beiden Schulen im Ramesseum und in Deir el-Medineh verschiedene Vorlagen unseres Textes, wobei wir die Tradition der später im Ramesseum benutzten Textfassung in die 18. Dynastie und bis in die Schule von Deir el-Bahari zurückverfolgen können.

Bemerkenswerterweise scheint das Ostrakon aus Lisht zu dieser "nördlichen" Tradition von West-Theben und nicht zu einer eigenen zu gehören.

Zum Kolophon

Kolophonartige Unterschriften finden sich nur in den Quellen, die das Ende des Textes enthalten:

1. Sall. II:

In-nꜣ-nꜣ war auch der Schreiber der Papyri d'Orbiney, Anastasi VII (2. šmw, 25. im 6. Jahr Amenmesses?), Anastasi IV (4.šmw, 15 - 1.ꜣḫ.t,10 im 1. Jahr Sethos' II.) und Anastasi VI. Da die Thronbesteigung Sethos' II. entweder am Ende des 1. oder des 2. pr.t lag, ist Sall.II nach An.IV geschrieben worden.

Kꜣ-gꜣb, Ḥrj und In-nꜣ-nꜣ stehen An.IV vs.A 1/3 am Anfang einer Aufzählung von Beamten des Schatzhauses.

2. DeM 1204:

a) So? Publ. [Zeichen], aber nach Berlin 6908 heißt ja der Bruder des Pꜣ-Rꜥ-ḥtp Nb-Rꜥ. Das Photo ist undeutlich. Pꜣjj ist nach Berlin P 11247 sein Vater. Weitere Belege für Pꜣ-Rꜥ-ḥtp: Brief DeM 303; Spiegelberg, Graff. Nr. 1047; Quittung GČ 62,1.

3. M 20 bis:

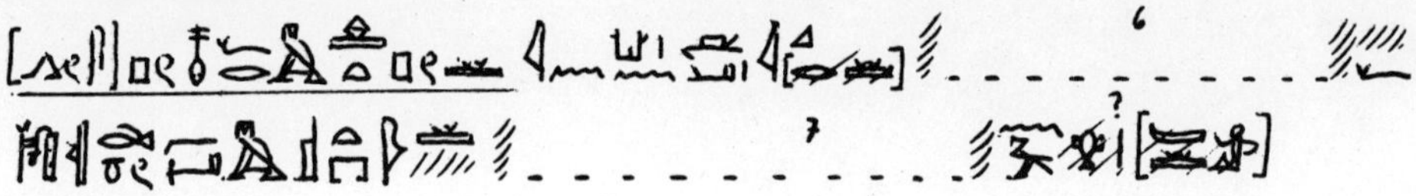

4. DeM 1093: